JIANKANG YAOLAN：SANSHI NIAN

健康摇篮：三十年

王秀云　主编

中国海洋大学出版社
·青岛·

图书在版编目（CIP）数据

健康摇篮：三十年／王秀云主编. —青岛：中国
海洋大学出版社，2021.9
　ISBN 978-7-5670-2928-6

Ⅰ.①健…　Ⅱ.①王…　Ⅲ.①学前教育—教育史—
青岛　Ⅳ.①G619.29

中国版本图书馆CIP数据核字（2021）第179677号

出版发行	中国海洋大学出版社
社　　址	青岛市香港东路23号　　　邮政编码　266071
网　　址	http://pub.ouc.edu.cn
出 版 人	杨立敏
责任编辑	邹伟真　　　　　　　　　电　　话　0532-85902533
电子信箱	459331938@qq.com
印　　制	日照报业印刷有限公司
版　　次	2021年9月第1版
印　　次	2021年9月第1次印刷
成品尺寸	170 mm × 230 mm
印　　张	18
字　　数	336千
印　　数	1～1000
定　　价	68.00元
订购电话	0532-82032573（传真）

一切为了孩子

赞助单位

市卫生局 市爱卫会 市监察局 市红十字会 亲家庄派出所

工人疗养院 市农贸局 远洋公司 武警总队 种瘤医院

市科技馆 市妇联 市羽绒干休所

市防疫站

谢谢支持关心

庆祝教师节暨表彰会座谈

卫生局幼儿园建园一周年纪念

青岛市卫生局幼儿园开园

培养一代新人

建园初期

三十年后

领导关心

如歌旋律

团队建设

编 委 会

前言

当一个人把全部精力投入一个单位、30年初心不改的时候，当一个人目睹这个单位的一草一木、一花一石，一砖一瓦、一墙一壁，一桌一椅、一房一床，每一寸土地，每一个角落都倾尽自己心血的时候，就有一种要把她记录下来的冲动！转眼间，幼儿园于2020年6月1日将迎来她30年的生日。30年历经沧桑和风雨，建园初期的一棵棵小树苗早已长成参天大树，如今不仅可以为小朋友们遮风挡雨，而且还成为小鸟搭窝的好地方！随着时代脉搏的跳动，幼儿园1989年成立，一步一步发展壮大，走到了现在，终于成了现在她本应该成为的样子！期间，幼儿园里面的所有人，无论离开的，还是坚守的，都流过汗水和泪水，都为此付出过真情和努力！时光荏苒，历经磨难和挫折，大家攻坚克难，有共同的目标和追求，也有共同的价值观，那就是："求真、崇善、尚美、至爱"的文化氛围。

在写这本书之前，我有过无数个设想。回过头去看看，我们的脚步，一步一步都很清晰，翻看一下我们过去的每一张报纸，每五年的规划和总结，依然还能让自己感动！那么，故事还是由主人翁自己来书写吧！

30年来，从幼儿园的历次更名中，足以窥见她的发展足迹，无论建园初期的青岛市红十字幼儿园、青岛市卫生局幼儿园，还是到2014年的青岛市卫生和计划生育委员会幼儿园，2018年青岛市政府脱钩改革后的青岛市市南区三明路幼儿园，这一叶方舟，六亩三分地，始终在这里，初心不改，像一个婴儿，在摇篮里不断成长，长成了现在亭亭玉立的模样！如果站在浮山的顶上往幼儿园看，就能清楚地看到一片红瓦，她既没有高楼大厦的伟岸，也没有突出耀眼的光芒。但如果你对她有深深的感情，那么她就是浮山脚下，隐蔽在绿树掩映下的一粒珍珠，在阳光普照下发光发热，润泽护佑大地，给小鸟打窝安家，让燕子放飞理想，展翅高飞！当然，她也依托浮山得天独厚的自然资源，找到了庇佑她的港湾和发展的空间。她的地下是坚实如磐的山石，地上是绿树掩映、三季有花、四季常绿的世外桃源！

回眸过去，虽然有苦有泪，但我们感恩走过的路，感谢所有在我们工作中给予了关心、支持和帮助的人！感谢我们同舟共济、携手相伴、相互扶持、共同走过沼泽的朋友同事！感谢在困境中大家抱团取暖的精神！即使在最困难的时候，我们仍然以"风景这边独好"为座右铭，攻坚克难不断地成长，不断地历练！在我们生命成长过程中，不断除去杂草、留住禾苗，向善、向美、向上、收获！这不禁让我想起习近平总书记说过的话：幸福都是奋斗出来的，无奋斗，不青春！30年，还年轻，要走的路还很远，愿我们每个人，都能在这片土地上，发出应有的光和热，播撒更多的梦想和希望，播下健康、饱满的种子，开出美丽的花，结出丰硕的果实！

目
录

30

第一章

不忘初心

春华秋实　桃李芬芳

——幼儿园30年发展历程

　　青岛市市南区三明路幼儿园（原青岛市卫生局幼儿园、青岛市卫生和计划生育委员会幼儿园），创建于1989年，坐落于市南区三明路11号，辛家庄北山公园脚下，占地面积3692平方米，园舍面积1962平方米。园内三季有花，四季常绿，位置优越，环境幽雅。

幼儿园大门

1990年开园仪式

1990年首批入园的孩子们

　　20世纪80年代，随着青岛市东部不断开发，辛家庄小区建设也不断扩大，卫生系统职工宿舍大部分集中在二、三小区。为解决职工子女入托问题，同时也解决小区内居民子女的入托，1988年11月原青岛市卫生局与青岛市托幼工作领导小组办公室签订协议，承办该小区配套幼儿园。1989年10月青岛市编办发文青编字〔1989〕212号，批复成立"青岛市卫生局幼儿园"，规模为大中小6个班和1个托班，科级事业单位，1990年6月1日正式开园。

　　2015年3月，因国家机构改革，原青岛市卫生局更名为青岛市卫生和计划生育委员会，幼儿园根据青编办字〔2015〕43号《关于市卫生局幼儿园等事业单位更名的批复》，于2015年5月更名为青岛市卫生和计划生育委员会幼儿园。

　　2018年2月，根据青厅办字〔2017〕46号《中共青岛市委办公厅青岛市人民政府办公厅关于印发〈青岛市级党政机关、全团组织所办幼儿园脱钩改革方案〉的通知》、青编办字〔2018〕13号《关于市卫生计生委幼儿园划归市南区管理的通知》和《关于青岛市卫生和计划生育委员会幼儿园移交协议书》的规定，青岛市卫生和计划生育委员会幼儿园整建制划归市南区管理。划转后，根据南编字〔2018〕6号《关于青岛市市南区教育体育局所属部分公办幼儿园更名的批复》，2018年5月，青岛市卫生和计划生育委员会幼儿园更名为青岛市市南区三明路幼儿园。

青岛市屈指可数的幼儿游泳池

孩子们最喜欢的双道滑梯

注重培养幼儿良好的生活习惯

班级的钢琴

　　幼儿园开园初期，设大、中、小、托7个班，幼儿180名，教职工25人，首任园长孙丽华。从建园起，幼儿园便得到了历届市卫生局局长兼党委书记刘镜如、臧爱民、刘志远等领导的大力支持和关怀。在全体教职员工的共同努力下，幼儿园于1992年成为青岛市一类幼儿园，1994年获得青岛市先进幼儿园称号，1995年加入青岛市首批省级示范幼儿园行列。

　　1996年在市场经济的冲击下，幼儿园面临种种危机，经历了艰难而曲折的自力更生、创业发展道路。1998年10月第二任园长兼党支部书记王秀云带领全体教职工在原市卫生局的大力扶持和市区教委的大力指导下，奋力进取，不畏艰难，于2000年顺利通过了省级示范园的复查验收，为此后的发展奠定了基础。2001年3月至2003年3月，幼儿园由青岛市妇女儿童医疗保健中心接管进行蒙台梭利教育实验和脑瘫儿童康复训练。2003年3月又重新回归青岛市卫生局，成为青岛市卫生局直属单位。

自2004年起，幼儿园因自收自支性质，经费来源不足，为了幼儿园能够长足发展，王秀云园长积极争取主办单位原青岛市卫生局的大力支持，大刀阔斧地对原有办园条件进行改善。先后由市中心医疗集团和市立医疗集团投资三百余万元进行了教学楼翻新，更换彩钢瓦屋顶，将多年闲置的游泳池填平，改造成软化地面，扩大了幼儿的户外活动区域；2005年在原市卫生局领导的协调下，幼儿园将存在安全隐患的燃油锅炉更换成小区集中供热，解决了多年来困扰幼儿园的冬季取暖问题；2007年起相继改造幼

1997年、2000年两次园舍改造

1997年大班毕业合影留念

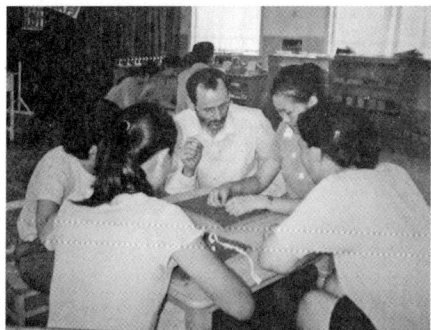

2002年德国蒙台梭利专家达斯克教
授夫妇来园进行为期两周的培训

2002年荷兰社区教育专家
来我园参观

2006年"六一"儿童节原青岛市卫生局局长、党委书记曹勇同志来园视察

儿盥洗室、户外活动场地铺设高仿草皮软化地面、安装视频监控、防雷避雷设施、幼儿桌椅、床、柜等全部更新为实木家具，为幼儿创设舒适安全的生活环境；2010年原市卫生局按照青岛市A级食堂标准投资30余万元改造了幼儿园食堂，接通了天然气管道，达到青岛市A级食堂水平。

2009年6月1日，幼儿园隆重举行了建园20周年文艺演出。原青岛市卫生局局长曹勇同志为幼儿园题贺词——"启迪童心，塑造未来"，副局长张华同志亲临演出现场为孩子们送上节日的祝贺并致辞。局办公室主任任福荣同志以及市卫生监督局、市立医疗集团、海慈医疗集团、口腔医院、传染病院、妇儿中心、疾控中心、卫校、科技馆、资金办等领导也为小朋友们送来节日的慰问并观看了演出，幼儿、教师、家长同台献艺，演出获得了巨大成功，得到各位领导、家长和社区居民的一致好评。

庆祝建园10周年文艺演出

庆祝建园15周年文艺演出

庆祝建园20周年文艺演出

2011年暑假，一场被及时扑灭的火情敲响了全体教职工"安全无小事"的警钟，也激发了我们面对困境迎难而上的昂扬斗志。整整一个假期，幼儿园全面改造电线线路，彻底消除安全隐患，进一步更新硬件设施，增加教学楼内监控探头，创设幼儿阅览室、探索发现室、教师集备室等区域，使幼儿园有限的空间得到充分应用，内外环境焕然一新。在园领导的带领下，全园上下凝心聚力，弘扬雁阵精神，凭借积极向上的团队风貌、精益求精的环境创设、凸显特色的园本课程、卓有成效的成果展示、民主和谐的管理氛围跻身青岛市十佳示范幼儿园行列，办园水平再上新台阶。

2011年崭新的园舍园貌

随着国家政策对学前教育的重视，从2012年起青岛市本级财政先后为我园拨付资金200余万元，用于园舍建设、设备购置等。我们分清轻重缓急，合理利用资金，对教学楼内进行了屋顶、盥洗室、厕所、墙面、地板、衣帽橱等的全面改造和更新；安装自动温控饮水系统，为幼儿提供安全的饮用水；加固加高幼儿园围墙；更新升级监控系统，形成360°无死角的监控网络，为在园师生提供安全保障。

2016年，领导来园青岛市卫生计生委党委书记、主任杨锡祥（下图左1）、纪委书记李晓方（下图左2）、财务处处长杨九龙（下图左3）等领导始终关心支持幼儿园

2018年2月，幼儿园整建制划转市南区，归属的转变，让幼儿园在学前教育领域中开启了新征程，园舍设施不断更新，园务管理更加规范，园本课程更加丰富，安全保障更加完善，为"健康摇篮"的品牌建设注入了新的内涵。2019年在市南区教体局相关科室大力支持指导下，再一次利用财政专项资金，完成了幼儿园食堂改造，对食堂的空间布局、机械设备进行了更为科学、更符合食品安全要求的全面更新和改造。

30年来，幼儿园大大小小无数次的维修改造，无不本着安全第一的原则，从各个角度为师生创设温馨、和谐、高品质的生活环境。春天玉兰的芬芳、樱花的温柔，夏天芍药的娇艳、蔷薇的摇曳，秋天无花果的甜蜜、小菜园的丰收，都蕴藏在冬天里那几棵松柏的苍劲挺拔中。就在这四季轮回中，幼儿园走过了30年历程，不长不短，而对于每一位三明路幼儿园的教职工，却刻骨铭心。

成长印记

——幼儿园办园特色

随着学前教育的飞速发展，幼儿园坚持以最前沿的教育理念为引导，以雄厚的师资队伍为基础，全面推进素质教育。从2003年开始进行幼儿园"健康教育课程"的可行性实践研究。在充分贯彻《幼儿园教育指导纲要（试行）》，学习《青岛市幼儿园教育教学工作指导意见》的基础上，用了8年时间对"健康教育课程"的渊源、理论基础、课程目标及结构、原则、内容和方法进行了探讨，在不断地探索实践——反思检验——再探索实践的过程中形成了一套具有健康教育特色的课程体系。课程研究历经了"自我健康"的阶段、"健康课程"的拓展阶段、树立"全人教育"健康观念的阶段、回归自然的健康课程阶段。2005年，幼儿园的健康教育课程代表市南区在全市做过专题汇报，2009年在市南区课程方案进行交流，2016年成为青岛市特殊教育试点园，市南区医幼结合试点园，开始了新一轮的锤炼提升，课程的发展也向着锤炼提升的阶段进军。历经17年从教育理念、目标、内容、评价形成了一个比较完整的体系，曾在青岛市课程方案评比中获一等奖，经过2019年修订完善，"健康教育案例"获青岛市市南区幼儿园园本课程实施方案评选一等奖。

2016年12月，王秀云园长随青岛市名园长工作室去日本参观了5所以自然森林为依托的幼儿园，这些幼儿园重视通过丰富的自然环境资源促进幼儿自主发展，让周边的环境成为幼儿成长的乐园。幼儿园健康园本课程经历了近20年的探究和实践，经过思考，我们重新对健康教育课程理念与发展进行定位。幼儿园地处浮山脚下，浮山的自然环境成为幼儿园创新课程、得天独厚的优质教育资源，经过三年的项目研究，成就了幼儿园健康与自然和谐发展的课程理念！"回归自然的健康教育课程"突破幼儿园现有健康课程框架的缺陷，并取得一定实施成效：一是幼儿在问题探寻中走进自然，获得情感、意志、生命、探索等多方面体验。二是将天然的材料宝库搬进活动区角，实现幼儿"六大解放"。三是促进幼儿感统能力的发展，且身高普遍比同年龄段高，动作发展更敏捷。四是利于园本课程的开发与应用，生成"根的秘密""西瓜虫""照顾螳螂宝宝""秋虫合鸣""叶子的秘密"等动态主题课程，让"健康课程服务于幼儿"的理念落地开花。

幼儿园以"保教质量高起点、教科研工作有创新"为立足点，以"一切为了孩子的可持续发展"为目标，引领教师在规划中发展、创新中突破、放手中超越。幼儿园制订了教师三年发展目标，采取教师自愿选教研小组的方式，通过互动式研讨、参与式培训、师徒结对、展示课、一课多研等方式，全面倡导教师在过程中研究，在反思中成长，在同伴互助中提升理念。着力构建了以主动发展、专业引领为主旨的园本研修机制，从幼儿园教育面临的突出问题为主要研究内容，提升教师的教育智慧，提高幼儿园的保教质量。其中，散步的细化研究、益智区专题研究、幼小衔接经验研究、户外活动质量研究获得青岛市幼儿园评选一等奖、市南区幼儿园评选一等奖。

此外，幼儿园还承担了国家"十一五"子课题"早期阅读促幼儿思维能力的发展"，在良好的阅读环境中，激发幼儿的阅读兴趣，提升幼儿的阅读水平；青岛市规划课题"幼儿数学认知发展规律的特点及指导研究"，通过理清幼儿数学教学的原则，在生活中自然地感知数学，灵活地运用多种教育方法，在集体活动中整合地学数学，培养幼儿数学的创造性特质，充分开发益智区活动材料，形成了幼儿园数学活动集锦，益智区材料集锦等宝贵资料，使幼儿园在积淀中不断前行。"十二五"科研课题"幼儿创造性美术活动的内容表现方式与指导研究"，每个班从美术创造力方面找取一个点开展子课题，有的从多种材料进行创造；有的从有效的教育方法入手；有的从一种材料产生多种创意；有的根据园本课程的主题活动进行；有的还从民间艺术、废旧材料着手作用，多角度、多元化地从不同的内容开展创造性美术课题。2019年市南区教育科学"十三五"课题"回归自然的幼儿健康教育课程研究"已结题，形成《健康教育课程》案例集共22本。

卫生保健工作是幼儿园的一大特色，为了学到当前最先进的卫生保健理念，我们专程去了上海中福会幼儿园参观学习，幼儿摄入的汤菜类一律用高汤调制，避免了味精的添加；按时添加营养保健水，增强幼儿机体免疫力；同时从汇园大酒店聘请高级面点师，幼儿点心全部自制，保健医生全程把关，严控添加剂的滥用。由于幼儿园幼儿营养食谱落实到位，在青岛市托幼机构炊事员培训班，幼儿园曾经专场介绍食谱制定的经验，得到领导及同行的好评。

幼儿园非常重视食品安全，按照食品药品管理局的要求，自己用电脑设计伙房平面图，从卫生局申请30余万元，对伙房按照A级标准进行整体装修改造，为幼儿营养食谱的落实提供了良好的硬件环境。同时，幼儿园严格执行索证制度，采购的食品原料全部出自名牌厂家，这样既可以保证质量，又可以减少成本，最大限度地发挥幼儿伙食费的功效。

在日常工作正常运转的情况下，充分发挥科研特色，着重对幼儿生长发育等存在的异常进行研究，曾先后对幼儿血色素的情况进行了5年的研究。2010年，幼儿园参与了青岛市卫生保健课题"幼儿铅暴露的现状与干预"，按时对幼儿进行血铅检测，定期召开家长会，请青岛市儿童保健专家工文媛主任等为家长进行健康教育宣传，让家长充分了解铅中毒的危害，尽量减少幼儿多动及注意力分散等情况的发生。2006年起先后在《青岛医药卫生》《山东教育》等杂志上发表《幼儿园血色素的近况调查》《如何做好晨检工作》《如何提高幼儿出勤率》《浅谈幼儿园的采购管理》等论文，对卫生保健工作的现况进行了总结与提高。多年来，幼儿园一直沿着科研的轨道有序不紊地持续发展着，在园幼儿生长发育各项指标均处于青岛市托幼机构领先水平，为幼儿园赢得了良好的社会声誉。

幼儿园全体职工的团结奋斗、凝心聚力取得了丰硕的成果。2004年幼儿园获得青岛市学前教育先进集体称号；2005年获青岛市绿色幼儿园称号；2007年成为青岛市卫生保健工作培训基地，进入市南区政府教育督导优秀等级；2008年被评为青岛市巾帼文明岗、青岛市职工代表大会先进星、市南区园本研修十佳示范单位；2009年被评为青岛市创建学习型组织先进单位；2010获青岛市卫生先进单位；2012年青岛市食品安全信誉度A级单位；2014年获山东省巾帼文明岗；2015年获青岛市工人先锋号；2017年再次荣获青岛市十佳示范幼儿园称号。

爱舍空间

——幼儿园建筑

幼儿园建筑面积为3692平方米，使用面积为1692平方米。教学楼分上下两层，办公区域和伙房为一层的砖混结构房屋。当时借助这个地势，将房屋建立在辛家庄北山公园西侧的一块不规则的高地上，从燕儿岛路与逍遥二路分别往这个方向看，幼儿园仿佛坐落在一个小山上。教学楼成错落状借着阳光一字排开，教学楼的教室和卧室全部在朝阳面，后面还有长长的走廊，暖气片全部在走廊的北墙面，无形中形成了一层保护层，使孩子们冬天进到室内感受温暖，伙房和后勤人员都在教学楼的背阴面，足以看出当时建设人员一切为了孩子的理念！教学楼内一层分为四个班级，二层有三个班级，二层的东头是一个100平方米的音乐教室。每个班级都由教室、卧室、盥洗室和厕所组成，配套齐全，幼儿起居生活方便舒适。教学楼先后进行过三次大的修缮，2012年的一次是除去墙壁，几乎是推倒重来，从地板、到墙面、到更换门窗、改造盥洗室和厕所以及走廊的衣帽橱，横到边纵到沿，上到顶都进行过粉饰改造。目前每一间教室宽敞明亮、桌椅床铺全部是木质的，教学设备齐全、内墙壁色彩以淡淡的蓝为基调，宁静又不失活泼，教学楼外墙壁以淡淡的粉为基调，给人一种温暖如春的感觉！

围绕在教学楼周边，有八大功能区，即硬面雕塑区、樱花道游乐区、沙水休闲区、木栈道写生区、攀爬木质区、农作物自然观察区、蔷薇花跑道综合区、蓝天绿草鸟语区、情景故事攀岩区、二楼足球平台区等。一进大门，就是前院一个小院子，一眼看到屋山下的石头雕塑小男孩，预示着幼儿园的孩子健康、活泼、阳光、向上。如果不进入幼儿园里面，从大门往里看给人的感觉是幼儿园的院子很小，但是当你围绕院子转完一圈后，就会觉得心情忽然开朗，一步一景，步移景异。整个院子大部分都做过软化，铺设的草皮都已经十五六年了，依然还那么耐用，院子的塑胶地面，是当年由市卫建委的波涛局长分管基建时给我们化缘免费铺设的，节省了十几万元资金；进门左侧是樱花道，樱花道旁边的院墙，曾经有两条又长又粗的小区过境暖气管道从幼儿园院墙内穿插而过。2008年黄岛管道爆炸时，为确保孩子们安全，我们反复与供热公司沟通将其移到地下，供热公司以管子里水的温度50℃左右造不成安全隐患为由迟迟不愿意动工，后经市卫计委的周长征局长协调，终于于2010年移入地下，不是很宽的樱花道，又恢复了往日的纯净优美；樱花道的尽头是休闲自然区，旁边有弯弯曲曲的小道，小道用轮胎和美化过的小石墩间隔开来，左侧留有一小块荒草地，任由其自然生长出荒草野花，让我们感受一年四季的变化，荒草地上有几个自织多年的纱网秋千，春日来临孩子们躺在里面，观看着天空的小鸟、晒着太阳，舒服极了；前面是小鱼塘，上面有架在小鱼塘上面的防腐木小金桥，孩子们可以站在金桥上，也可以围在池塘四周全方位观赏里面的各种大小金鱼；右侧是孩子们最喜欢的沙坑，沙坑里放有沙水玩具和排球纱网，孩子们不用到海边就能享受海边挖沙的乐趣；再往前走紧邻小区居民楼，靠墙篱笆里面就是各种蔬菜植物，这一片菜地以种植时令季节的蔬菜和小麦为主，主要让孩子了解一年四季自然生长的农作物，尤其是到了麦收季节，剪一把，放在手心里搓一搓，吹一吹，手心里全是饱满的麦粒，填在口里，一股来自自然的馈赠进入口里，感觉一阵丰收的喜悦。后院的墙边是一圈金黄色的木栈道，有两级适合孩子上下的台阶，既像一条金色的腰带镶嵌在幼儿园的腰上，又像一圈舞台观看着孩子们在摇篮里幸福地成长！

后院有六棵玉兰树，原来还有一个大转盘，转盘下面是一块大的山石，因为拓宽场地，用吊车凿了整整一个礼拜才凿平，上面放上了木制玩具。每年春节过后，玉兰花就开始迎接孩子们的到来，三月中旬就率先借着充足的阳光竞相开放，到了三月底家长开放日的时候，整个后院一片热闹，真叫"满园春色关不住"。一片白色遮不住蓝蓝的天空，像这么粗的玉兰树我真还没见过，每年大班毕业典礼，我们都会在玉兰树底下搭起舞台和大屏幕，进行大班的毕业典礼，感触颇多！

幼儿园四周有四棵抱不过来的十几米高的大松树！每当我巡视院子时，都要张开双臂环绕着抱一下樱花道旁边的那棵又高又笔直的参天大树，双手指尖环绕后都够不到！树龄有四五十年了，像四个大柱子一样，一个角一棵，四棵大雪松中间有十几棵松树，像极了仪仗兵，给幼儿园形成了一道干净的屏障，为幼儿园挡风遮雨；幼儿园办公区域的后边就是蔷薇花墙了，这面蔷薇花就在办公区域的后面，每当五一过后，清晨一打开办公室的门，一股清香扑鼻而来，禁不住要深吸一口，吸进五脏六腑，醉人心扉，沁入心脾！这一墙蔷薇花前面就是30米跑道，跑道旁边就是户外活动区，每当户外活动时，孩子们跑步、玩玩具、爬上爬下，观花赏蜂……这片五颜六色的花，仿佛也要伸手伸头与小朋友拉手交朋友，在欢声笑语中，陪伴孩子们成长！

这片蔷薇花也经历过惊险，2019年春天，因支撑她快30年的围墙已经生锈，又因为过矮不符合安全要求，围墙要拆除更换又高又漂亮的不锈钢栏杆，眼看着这一片蔷薇生机盎然的生长，我们迟迟不愿意动工，尽管施工方多次催促我们，要趁天不热抓紧赶工，我们还是等到了蔷薇花绽放后，才在暑假期间开始了围墙的施工。本以为蔷薇花再也没有了，没想到，似乎蔷薇花也是为庆祝30年而重燃生命，梳妆打扮了一番，2020年春天，经过一个寒冬，越过一场新冠肺炎后，这一墙花似乎铆足了劲，又发出了芽，长出了藤，一天一天爬上了又高又漂亮的栏杆，转眼间，围墙栏杆又长满了绿色，五一节过后，在办公室忽然抬头往窗外一看，五颜六色的花竞相开放，等到六一节来临前后，又是一墙的鲜花怒放！

一圈下来进入教学楼前，就是办公区域门前的200平方米的四四方方院子，像极了北京的四合院，院子是2004年改造时，将建院初期的游泳池喷泉，填平后而成的。当时的游泳池喷泉里面有石头鱼和石头小孩，已经分别安放在后院和前院。游泳池在当时建园时，可以说小有名气，建园初期孩子们曾经在里面玩耍过几次，深有一米左右。后来就成了废弃大坑！里面的排水系统，长期有污泥，滋生蚊虫浊气，一到夏天，细小蚊虫漫天飞舞，臭气熏天，一进幼儿园的第二道门，就要胆战心惊地挨着墙边走，生怕掉进用泳池里！填平后，中间放置了孩子们喜欢的各种玩具；对面是一面宽大的带有情景故事的攀岩墙！每当户外活动时，孩子们尽情地在草地上玩个够，就去攀岩墙爬高，再躺下打个滚，望望蓝天白云！

四合院中的办公区域有一米多宽的屋檐，每年清明节过后会引来一对燕子前来筑窝，就像我们幼儿园里教师和孩子一样，不停地忙碌着！燕子衔来枝草和土泥，一点一点，一层一层打窝，辛勤地忙碌着，有时候也不成功，燕子窝会因为技术问题掉下来，但是燕子不放弃、不气馁，继续飞走，调整策略，最终成功！打好窝后，开始下蛋，孵出小燕子，最让我们感动的是燕子妈妈爸爸衔来小虫喂小燕子的情景。就这样，燕子"夫妻"年年来，年年到大班毕业时小燕子出窝飞走，来年如期归来。在2015年因为屋檐下雨漏雨，走廊顶棚不停地掉皮，燕子窝岌岌可危，很快就掉下来了，我们禁不住攀上梯子，给它整理了一下，结果第二年燕子果真没有再来。2016年我们下决心把早已在心中有所规划的屋檐，利用争取到的财政资金改造后换成防腐木的横挑梁，就是为了给燕子做长久的准备。2018年离开我们两年的燕子又回来了，我们真是无比激动！也曾有无数个设想，燕子回来时是不是遇到安全事故。回来的是一对年轻的夫妻，打好窝后，也下了蛋，孵出了小燕子。

办公区域由园长室、办公室、财务室、卫生保健室、档案室、会议室、传达室等组成，功能齐全、交流方便。最值得一提的是2016年改造办公区时，整个布局调整到最佳组合，将已经在会议室架起的隔断拆除，将本计划一分为二、既当财务室的档案室、又当打印室的多年尘封的财务室，现场更改为现在的会议室，将幼儿园的行政档案室放在本计划为会议室的拥挤长条屋，幼儿园将本计划为档案室改为财务的专门档案室。这样既满足各功能的需要，又发挥了最大功效！感谢以园为家，日夜坚守在幼儿园十余年的门卫周朴章师傅的及时建议，为幼儿园以后的发展提供了最合理化的建议，让我们及时付诸行动，才会有现在的方便！

幼儿园从2004年开始，利用十几年不仅填平了两个大坑、凿掉了建园初期无法去掉的后院山石，还在地面上门卫室旁边扩展了两间器械屋，在伙房后面扩建了两间乐高屋，在二楼平台上搭建了两间废品屋。

这就是坐落在辛家庄三小区的三明路幼儿园，三季有花、四季常绿，在整个小区绿树掩映下的红瓦粉墙、绿树成荫、适合孩子们成长的健康乐园！

淡美如花　一路芬芳

——贺建园30年以花记之

之一：玉兰花记

春寒料峭的二月，幼儿园后院的玉兰，花苞满树，在寒风中傲立枝头，积蓄着怒放的力量。三月的某一天，乍暖还寒，一夜春风，雪白的玉兰竞相开放，白色的花朵在明媚的阳光中迎风摇曳，整个幼儿园便氤氲在芳郁的花香中。

玉兰树株禾高大，开花位置较高，而后院螺旋楼梯的拐角，恰巧掩映在玉兰树的树枝和花丛间，每当玉兰花开，老师便会带着孩子们从这个楼梯经过，宛如在花海中穿行，这里也成为幼儿园的"网红"拍照打卡点。此时的孩子们，喜欢在树下玩耍。有的躺在草地上，眯着眼睛仰望玉兰花，湛蓝的天空和洁白的花朵互相映衬，只有童真的眼睛才不会亵渎这份纯净；有的坐在草地上，拾起地上的花瓣，只有童真的眼睛才会发现大自然的馈赠；有的在草地上撒欢打滚、用小手收集满地的落花藏在树下期待来年发出新芽，只有童真的心灵才会萌发纯真的爱意；甚至还有的把花瓣塞满口袋，带回教室、带回家，让花香伴随自己进入梦乡，只有童真的心灵才配得上这一树的繁花。玉兰开在早春，却并不贪恋春色，花期不足半月，如白丝绒般的花瓣在春风的吹拂下，每天飘飘洒洒般铺满草地，孩子们在树下或坐或卧或躺，褶皱的花瓣渗出浅红的花汁，在孩子们的衣服上留下了淡淡的春天的印记。

相传玉兰花代表着报恩。繁华落幕，树上生出了绿芽，很快就长满了又圆又大的绿叶。如果说寒假回来玉兰花给孩子们带来春天的信息，那么暑假归来，玉兰树又送给孩子们收获的惊喜——一个个奇形怪状的玉兰果实隐藏在茂密的枝叶中，从小变大，由绿转褐。树叶飘落，硕大的果实露出来，成熟的果实表面凹凸不平，裂开的缝隙露出一抹朱红，里面紧实整齐地排列着一粒粒玉兰籽，像石榴籽，又像南国红豆，取出一粒，轻轻揉捏，还会挤出白色的汁液。站在螺旋楼梯上，长在低处的果实伸手可得。孩子们手捧硕大的果实，盘坐在玉兰树的树荫下，开始了植物秘密的探索。

之二：樱花记

岛城最负盛名的网红樱花路，距幼儿园不过区区几十米。樱花盛开时节，慕名而来的人们，被小路上停满的车辆和熙熙攘攘的人群扰了赏樱的兴致时，何曾会想到，就在他们身后几十米的幼儿园里，有一棵樱花树，用一树繁花为老师和孩子们带来一树春天，30年来，年年如期盛开，和师生们一起独享属于三明路幼儿园的春天。

这棵樱花树在教室窗外的一小片三角地临墙而立，伴随着幼儿园30年的风雨历程，让这棵树仿佛有了灵性，树冠随周边环境长成三角形，一支粗壮的树枝从空中横贯甬道，樱花盛开，走在甬道上宛如穿越一道粉色的虹。树冠最茂密处恰在二楼一个教室的窗外，从这里望出去，每一朵花儿都看得那么真切，五个圆圆的小花瓣包着几支毛茸茸的花蕊，有的含苞待放，有的尽情怒放，满树的花儿一朵接着一朵，一簇挨着一簇，形成一片小小的花海。任谁看到这片花海，都会瞬间点亮了眼睛，柔软了心底。

伴着徐徐微风，和着暖暖阳光，片片花瓣在空中轻盈地飞舞，如春天的精灵。无论是孩子还是老师，走到樱花树下，都会停下脚步，抬起头，伸出手，和小精灵亲密接触，感受春的气息。生活要有仪式感，每年的春天在这棵樱花树下留下记忆，已经成为三明路幼儿园的老师和孩子们迎接春天不可缺少的一项仪式。

之三：蔷薇花记

初夏一场悄无声息的微雨过后，幼儿园办公区域北侧窗外半边围墙便被包裹在蔷薇的世界，曲曲折折的藤蔓带着翠绿的枝叶爬满围墙，偎依在绿叶上的水珠闪烁着耀眼的光华，迎着喷薄欲出的朝阳，青翠欲滴，迸发出勃勃生机。

"雨中草色绿堪染，水上桃花红欲燃"。每年的五一节过后，坐在办公室抬头放眼窗外，就在这满眼绿色中，蓦然跳出了一点大红，隐藏在翠绿中的花苞，在阳光雨露的呵护下，终于按捺不住，要为四季再添一些颜色。第一朵花苞绽放，花瓣上带着晶莹剔透的露珠，楚楚动人，有些孤单，有些娇羞，像极了第一天入园的小朋友，面对陌生的环境，既充满期盼，又有点胆怯。看到同伴勇敢地绽放，其他花苞像受到了鼓舞，竞相次第开放起来，那娇艳的大红色犹如红玫瑰般热烈奔放，全然没有了刚开始的羞涩。

你方唱罢我登场，那一大簇白色的蔷薇已经等不及了，不和其他花儿争春，不羡慕其他花儿姹紫嫣红，更不妄自菲薄，姗姗迟来的"她们"凭借集体的力量，将一朵朵小白花儿开得层层叠叠，引来蜜蜂嗡嗡，蝴蝶翩翩，恰似一幅淡淡的水粉画，虽不奢华，但足够诗意。

最惊艳的莫过于那一大片粉色的蔷薇，尽管开得晚，花期却会持续到盛夏时节。花朵不大，一层层淡粉的花瓣包裹着淡黄的花蕊，每一朵都开得那么精致，连含苞待放的花骨朵，都吐露着粉嘟嘟的颜色。耀眼的粉红色，从墙头密密匝匝垂下，不见始端，也不见其主根，只有淡淡浅浅的盈眼粉红铺满了这一片围墙，灿若繁星，朦胧婉约。微风拂过，满天星般的花儿仿佛在和孩子们一起低吟浅唱，一起欢笑呢喃。

从东到西，这片蔷薇花墙整个初夏都是拍照主场，这里留下了孩子们户外活动时的欢笑，留下了爱美的老师们靓丽的身影，更是毕业季孩子、老师和家长们依依不舍的见证。2019年春天幼儿园围墙改造，园长和施工方反复协商，一再拖延工期，尽可能保留这些蔷薇，在王园长的坚持下，大部分蔷薇的根保留住了。如今，这片蔷薇已重新发出枝芽，攀上围墙，枝头又缀满了花苞。

"朵朵精神叶叶柔，雨晴香拂醉人头。石家锦幛依然在，闲倚狂风夜不收。"杜牧的这首蔷薇诗，仿佛是穿越时空，专为幼儿园的这一道风景而写。

回眸凝望走过的30年，这里是我们用爱心描绘的绚丽多姿的青春世界，是我们用双手记载的孩子们丰富多彩的童年生活。岁月的山峦积淀着沧桑，生命的泉水涤荡着澄澈，心灵的花草弥散着芳香。时光静寂，岁月轻柔，拈一颗素心，看流年的风轻轻吹过，始终相信，时光可以带走最美的年华，岁月可以刻画老去的颜容，但那些过往中的莹亮，那些光阴浸染的情怀，终是停留在记忆深处，明媚了岁月，芬芳了生命。只要心存美好，岁月便可不老，只要心中有风景，何处不是花香满径，其实我们所期待的，一直在路上。

园史钩沉

教育初心
——给孩子一段完整快乐的童年

只要人人都献出一点爱，世界将变成美好的人间。爱是打开孩子心扉的钥匙，教师不仅要教好书，更要育好人。

我班雯雯（化名，本书涉及学生姓名均为化名）是一名单纯可爱、温柔善良、爱学习的小女孩，本生活在一个幸福的家庭，是爸爸妈妈的掌上明珠，可是爸爸突然遭遇车祸去世。长时间见不到爸爸，雯雯变得更加懂事了，由此更让我对她产生怜悯之情，我要加倍地爱护她、关心她、帮助她，让她在爱的包围下健康快乐地成长。

生活中，我不自觉地对她投入更多的关注和关心，相信我的爱能更好地滋润孩子的心田。雯雯在画画方面表现得越来越进步，因为她性格文静、不善于表达，好像更要把自己的内心情感表现在画面上。玩区角的情景、到森林公园郊游的场面，雯雯都能把自己与小朋友游戏的场景形象逼真地画下来。在参加全国"双龙杯"绘画比赛时，雯雯的画作"我的幼儿园"，将小朋友们在幼儿园愉快游戏的场面生动地展现出来，因此得到了绘画金奖的好成绩。

一些活动中，雯雯回答问题积极、思路开阔、注意力集中，但有点胆小，同老师交谈时，时常羞红着小脸，针对她这一弱点，我总会给予她肯定的眼神，鼓励她在同伴面前大胆表述自己的想法，逐渐树立她在同伴面前的自信。我经常让她讲述自己最近感兴趣和开心的事情，同时我也会在日常收集许多幽默的故事和脑筋急转弯讲给她听、逗她开心。逐渐地，她的性格变了，变得活泼开朗了，能主动给老师小朋友讲笑话了，身边多了许多朋友，她依然拥有着快乐的童年。在幼儿园的三年中，我们已经积累了深厚的感情，虽然雯雯失去了爸爸，缺少一份完整的爱，但她也是幸运的，因为她还有妈妈的爱、有老师的关爱、有同伴们的友爱。尽管雯雯才刚六岁，却会自己洗袜子，为妈妈讲故事，周末还为妈妈做早餐，老师布置的任务都能认真独立地完成，她的独立性和责任感逐渐地展示出来，感恩的情愫在幼小的心灵中萌动。

时间过得飞快，转眼雯雯就要毕业离开幼儿园了，在毕业典礼上，雯雯的妈妈含泪把写给孩子的信念给全体师生听，我们能感受到母爱的伟大，感受到雯雯妈妈的坚强，相信我们的爱就像火把，会永远照亮孩子的心灵，相信雯雯经过自己的努力，她的世界会变得越来越精彩。在孩子纯真的世界里让爱做主吧！

爱的呼唤

——平凡老师的不平凡爱

新学期开学，一对外地母子怯怯地走进幼儿园，小男孩有些特殊，他目光不与人对视，走路脚跟不着地，遇见陌生人总是躲在妈妈背后尖声哭叫（事后经医院确定为脑瘫后遗症的表现），根本无法参与集体活动，而且他的一些举止对其他孩子也会产生一定的影响。看到孩子慌乱的眼神，一股怜爱之情让我紧紧地拉住了孩子的手："让他到我们班吧。"孩子的妈妈激动地说："李老师，谢谢您收下我的儿子，他在幼儿园吃不吃饱饭、喝没喝够水都没关系，我们都不会在意的。真的，只要能让他上幼儿园我就知足了。"这位母亲的话让我一阵阵心痛不已，为了能让孩子和其他孩子一样上幼儿园，她居然把要求放得那么低。我也是一位母亲，此时此刻非常能体会这位妈妈的苦衷。我忍住眼角的泪水，"放心吧，我们会让他和其他孩子一样，在幼儿园里快乐地成长。"一句承诺，让我成了孩子在幼儿园里的"妈妈"。

起初他每遇到陌生人都会发出尖叫，在幼儿园里，我会牵着他的小手在院子里散步，让他熟悉幼儿园的环境，鼓励他和大家说说话。慢慢地，他能低着头小声问好了。

经过了一年的幼儿园生活，上课的过程中，他能跟着安静地坐一会儿了，还能断断续续地背诵一首古诗、儿歌……孩子的变化让幼儿园的每一位老师都为之动容。

后来，孩子妈妈送来了感谢信和一面鲜红的锦旗，上面写着"春风化雨，爱心无限"。这正是我们老师对待每个孩子的真实写照。

泰戈尔说："花的事业是甜蜜的，果的事业是珍贵的，让我做叶的事业吧！因为叶总是谦逊地垂着她的绿荫。"我愿做好叶的事业，用爱心去温暖每一颗幼小的心灵。

难忘美味

——弥漫在口舌之间的幼儿园美食

时光荏苒，转眼间，我在青岛市卫生局幼儿园已经整整17个年头了，这些年，经历了一茬又一茬的炊事班长，也品尝了一批又一批的美味面点。

那是1996年7月21日，我刚来幼儿园的第一天，幼儿园的午餐主食是蟹壳黄，一想到这个名字，我的口水就忍不住地流了下来，那是一种酥酥的、软软的、甜糯的面食，黄色的，散发着沁人心脾的香味，轻轻地咬一口，那种难忘的甜香在口舌之间弥漫，孩子们都吃得满嘴满腮，那一餐，让我知道了，卫生局幼儿园伙食的质量和实力。

但是那时，因为条件所限，下午的加餐还需要购买，自己不能够制作糕点，所买的点心，哪怕质量再好，都有不尽如人意的地方，要么担心添加剂是否适量，要么担心价钱太贵，相较于主食，反倒有了喧宾夺主的感觉，所以，这些年我们一直对此耿耿于怀。

直至2009年，王秀云园长经过数年的规划与准备，从卫生局申请了数十万元，对现有的伙房进行了重建，又从青岛市知名大酒店聘请了专业的面点师，我园的点心终于可以完全自制了。新的面点师让我们不必踏入酒店，就可以知道酒店点心的花样了，种类繁多，数不胜数，梅花酥、风车酥、榴梿酥、蛋挞、夹心蛋糕、核桃酥……多个种类，不一而足，孩子们吃完了还想吃，个个都眼巴巴地瞧着，家长们纷纷前来取经，问究竟是如何制作的……

　　青岛市卫生局幼儿园这数十年的变迁，无法一一赘述，只能从这一小小的面点的变化，得以管中窥豹，她的进步，不但得益于上级主管部门的细致入微的指导，更得益于国家政策的重视与倾斜，随着国家对于学前教育的重视程度的不断加大，教育经费所占比重的不断加大，我们已经实实在在地感受到，学前教育的春天真的来了……

忆园往事

——来自那个年代的自述

说起对卫生局幼儿园的情感，我应该是最有发言权的。因为，首先，我两岁半就入了园，在幼儿园里生活了四年，直到六岁半毕业并升入小学。

在园里的四年中，让我记忆深刻的事情有很多，虽然时间的距离已经拉长到了十多年，那一幕幕依旧鲜活地呈现在眼前。

五岁那年暑假，我的右脚受了很重的伤，开学后依然缠着纱布不能走路。到了班级里，我坐在板凳上，同班的小朋友全都惊奇地看着我。这时，老师对小朋友们说，程望小朋友生病了，大家要好好关心她，照顾她。老师知道我很喜欢看书，就让小朋友们帮我到图书角去拿书。结果，全班的小朋友呼啦一下全都站起来了，纷纷跑到图书角去为我拿书，直到把书架上的书全部拿空了才肯罢手，而我面前的桌子已经被各式各样的书籍堆满。我只记得当时的我不知所措地坐在那里盯着一桌子的图书，不好意思地说着谢谢。

幼年时，关于那一幕的回忆被书籍堆满，而此时回想起来，却是满满的感动与温暖。亲切的老师，可爱的小伙伴们，在那单纯快乐的岁月里，陪伴着懵懂的我度过了一个又一个寒暑，填满了我一整个幸福的童年。

虽然现在我们已飞向五湖四海，但我的心里对他们充满了感激。是啊，到哪里去寻这样一群心灵洁净无瑕的好伙伴。愿不久的将来，我们能够有机会重逢，再次回到我们初懂事的那片净土，一起回味，一同分享。

最初的回忆　最初的梦想

——出自90年代的教师笔记

　　我们建园的初心是什么？教育者的初心是什么？时代不断发展，硬件、软件不断提高，周围琳琅满目，但我们从未迷茫，因为永远也忘不了当初那份责任的纯真，让我们一起听听建园初期的那些故事吧！

　　"我们卫生局幼儿园筹备组成立于1990年2月12日，筹备组首先从部分职业高中毕业生中选拔了一批老师作为卫生局幼儿园的试用工作人员，并进行了一个月的理论学习和实地学习。实习结束后，在卫生局团委、机关各处室的帮助下，我们全园共十余人，着手粉刷布置了教室；绿化美化了院内外环境布局；购置了各类大、中、小型器械玩具、教具；添置了部分幼儿生活必需品。同时在室内各房改造了部分不适宜幼儿生活活动的建筑设施……为了早日让小区适龄儿童入园，我们在经费紧张、人力不足的情况下，又及时得到市立医院院领导的大力支持，带着木、瓦、电、管道工人来园，将冻裂的水管换上新的，破损的门窗修补好，缺粮备粮、缺煤续煤，为我们提供了大量的人力、物力、财力，为孩子们提供了一个安定、舒适的生活、学习、成长的乐园。与其说是我们筹备组做了一些具体工作，不如说是我们靠了许多兄弟姐妹单位的鼎力相助和上级相关部分的支持、关怀，才得以使我们幼儿园初具规模。"

——孙丽华　1990年

　　"自四月份到五月底，幼儿园收了部分幼儿进行试验性开园，为了迎接一个崭新的面貌迎接开园剪彩，清扫园内卫生是一个重要的工作项目。我们下班以后要到院子里拔草，当时下过雨，天气很热，我们不怕日晒，把不要的土倒掉、肥土填入花池中，太多的土我们推不动，就一点一点往外运……到了开园的前一天晚上，我们又冒着雨干了一个晚上，把前院、教室、走廊的地面用水冲干净……"

——包 鑫 1990年

"一个信念支持着我'我多干点，别人就会少干一点，我偷一分懒，别人就会多流一分汗'。下水道堵塞，我就用小棍投开，用手把污物弄净，厕所的地面要用硫酸烧、用刷子擦，硫酸溅到衣服上，把衣服烧了一个洞，这些我都不在乎，因为没有能比在自己亲手建起的幼儿园里工作更让人兴奋，这是一种别人无法体会到的创业者的幸福。"

——吴 婕 1990年

"走廊、园内都有一些垃圾、石块等，我们就利用业余时间进行清扫，离开园还有最后一天了，我们留了下来做准备。天下着雨，刮着风，我们顶风冒雨地清理垃圾，衣服湿了，鞋子更不用说，干脆把袜子脱下来继续干，赤着脚在走廊上用水刷地，直到半夜12点才入睡。"

——王 芸 1990年

"记得孩子刚入园，一个个哭得惊天动地，说真的，从见习、实习，我从未接过这么小的孩子，还不到2岁，刚刚离开妈妈怀抱，又怎肯投入陌生人的怀抱呢？不会说话，只会哭着找妈妈。怎么办，我们是他们的老师，必须让他们接受我们，我们就采用转移目标、安顿情绪、讲故事等方式，让他们渐渐喜欢上幼儿园。"

——张 梅 1990年

"我们的幼儿园越办越红火，竟吸引了许多"游客""记者"和"电台节目主持人"，餐厅热情招待，医务人员工作认真，售货员一丝不苟……好一片生活的再现呀！"

——安晓慧　1992年

"六一儿童节我们推出了一个新的形式：配乐诗朗诵《毕业诗》，这首诗写得恰到好处，它形象得描绘出孩子们在幼儿园三年的系列活动，内容亲切、通俗上口，又易于表达孩子们此时的心情，加上音乐的渲染，使得一首简单的诗歌充满诗情画意，像一条涓涓的小河从孩子们的肺腑间流淌出来。"

——赵　倩　1992年

"做好全园的'教研班'，我们在以往的教学工作中，根据《幼儿园工作规程》要求，通过本班教师的共同努力，在摸索前进中获得了一定的成效。我们班的'主题综合教育'是以常识活动为主线，在各科的教学进度上进行科学大胆的尝试，做到每月有大主题，每周有小主题，而各科教学安排则以每周的常识活动为中心，综合开展。"

——李　谦　1992年

"计算是一项比较抽象的活动，想要学好只有让孩子运用多种感官来感知，这样才能使孩子在思维中形成数的概念，为此我们制作了多种教具，如数字卡、图形卡、拼图卡等，使原本枯燥的活动不再枯燥，孩子对数的形成产生了浓厚的兴趣。"

——王　群　1994年

"在领导、伙房师傅和老师们的协助配合下，我的工作一直很顺利，1993年度膳食调查结果比较满意，不仅达到一级喂养水平，并且营养素食物分配较合理，各类维生素的供给也有了很大提高，幼儿查体表明本园幼儿身高体重增长率都已达标。"

——阎　冰　1994年

"自1994年3月19日起，由于园内工作需要，班里由两教一保的三位老师减到两位老师，这样明显增加了工作量，班里的老师，不但要组织幼儿学习、游戏、进餐、午睡等，还要进行班里的卫生清扫、消毒等工作。我们班另一名老师，因病从四月初开始休病假，所以这些工作都落在我一个人身上。虽然一个人带班，但都能按时、按任务完成教育内容。"

——陈　敏　1994年

"我积极探索，怎样使幼儿掌握好抽象的数字加减，除了运用贴绒、磁铁等多种教具吸引幼儿外，并注意引导幼儿寻找规律，根据分合式来列算式，当幼儿发现分合式中左边的数字每多1右边的数字就会少1这个规律时，根据幼儿的掌握程度，举一反三，运用到20，30甚至100的数字中，让他们列出分合式，并根据分合式列出所属的4个加减算式，幼儿兴趣高、掌握快，并适当插入数学构建内容，运用'头尾对调、加减改号'的规律，把加变减、把减变加，增强了幼儿对数学的兴趣。"

——王欣荣　1997年

"我和陈敏老师、孙晓红老师共同管理一个班，我们三人相互协调、配合，主动加班，特别是区开放期间，三个人同时7点来园，晚上10点离园，第二天再坚持7点来园，我们帮保育老师卫生打扫，保育老师帮我们画画、做教具。孙老师休病假期间，在班里只有两位教师的情况下，不影响幼儿正常一日生活，做好卫生保健工作。没有向幼儿园提出任何困难和要求，一切照常运转着，这足以体现出我们班三位教师团结、互助的精神。"

——张　兰　1997年

"1998年3月份，我拿到了档案局下发的档案工作人员上岗证书，按卫生局、档案局要求每年整理档案。首先要将前一年的材料搜集齐全，第二年再分类、归整，按要求进行卷内书写、装订、填写卷皮，每项工作都不可马虎。有时装订后，又找到新材料，于是又得拆开，重新编写填写，因此整理档案是一项烦琐、费时的工作，更要求要有耐心、细心和责任心。1998年共装订了行政卷13卷，教育教学20卷。"

——任红伟　1998年

"我每天一小扫，每周一大扫，不留死角，教室共15个窗的玻璃，每个都擦得干净明亮，大班幼儿睡地铺，被褥易受潮，只要天气好，我都坚持把被褥晒一遍，保证幼儿身体健康。消毒工作的好坏直接关系到幼儿的身体健康，我严格按照消毒制度，定时清洗杯巾、玩具、拖鞋、家具，定时紫外线消毒卧室、教室。由于消毒工作做得好，本班未发生一例传染病，上学期我得到两次流动红旗。"

——张红卫　1998年

"回顾1998年走过的历程，在全园每个人的成长过程中都会留下难忘的回忆。作为我个人，在毫无心理准备的前提下当上园长。全园职工从开学初的30人到目前剩下的22人，就是在岗这22名职工在各自的工作岗位上撑起了一片蓝天，实现了从上学期到下学期的平稳过渡，让一个濒临让渡、转让、吞并、破产的幼儿园重新站立在了社会面前，社会对卫生局幼儿园的关注逐渐增强。"

——王秀云　1999年

字字品味，句句真情，如同叮咚的泉水，缓缓流入我们心坎里，不自觉跟随时光机回到了建园初，在光阴的故事里和着一砖一瓦、一草一木串联起来，情景再现、历历在目、百感交集，仿佛我们正与他们并肩作战，一路体味着创业者的艰辛与幸福，处处绽放着生命的繁花似锦，携手见证着幼儿园的茁壮成长！

当年的他们，也正是芳华的年纪，享受着父母的呵护与宠爱，可自从他们踏入这片土地开始，便深知肩上的责任有多重大。幼儿园是造就一代新人的绿地，是孩子们生活成长的乐园，他们遵循"一切为了孩子、为了孩子的一切、为了一切的孩子"的办园宗旨，不畏艰难拼命干，小小的身躯此时此刻竟是如此伟岸，这就是他们的初心，亦是我们的初心，从一而终、从未改变！

两代人的家园

还记得我刚去幼儿园的时候，年纪还小，哭得撕心裂肺，第一次离开父母，特别没有安全感，害怕、惶恐、不知所措。是老师一直陪着我，耐心开导，让我逐渐融入这里，时间久了，我对幼儿园的环境越来越熟悉，当然也就少不了惹老师生气。往后的三年，我把开心和欢乐撒落在了幼儿园的每一个角落。院子里的攀爬架，最爱的秋千和滑梯，每次放学都缠着父母要去院子里玩一会再走。后院还有一个大大的沙池，可以让我们尽情地挖沙，几乎每天都带着一手的沙子回家。后来老师们还养了小兔子让我们观察。还有当时的门卫爷爷，每次见到我们都乐呵呵的，嘴上最常挂着的一句话就是"一定要好好学习啊"。

当然，最少不了的记忆，就是和班里的同学以及我们的老师，亲手种下的那棵小树苗。那时候老师告诉我们，这棵树，会陪着我们一起成长，当它长成参天大树的时候，也是我们长大成人，走向社会，独立生活的时候。

成年的我，现在回忆起来，幼儿园时代是我最快乐的三年，尽情地享受着孩童单纯美好的时光！

如今，女儿也来到了我的幼儿园，当然，现在的幼儿园已经发生了很多变化。教学楼已经粉刷上了"新衣服"，活动场地也都铺上了塑胶跑道，安装了新的攀爬滑梯玩具，名字也从卫生局幼儿园改成了三明路幼儿园。优美的环境和快乐的氛围，还是和30年前一样，三季有花，四季常绿。每次走到院子我都忍不住要和她说，"你看，这里是妈妈小时候最爱玩的秋千滑梯，那时它们都是铁皮的，时间一长锈迹斑斑，现在的攀爬滑梯，材质安全，样子新颖，小朋友们玩得更开心也更安心。""你看，这里是妈妈小时候活动的操场，当时地面都是水泥做的，如果摔倒身上会磕破，现在全部铺上了安全有弹性的塑胶跑道，小朋友们可以尽情地在跑道上玩耍奔跑。""还有这里，原先是一座大大的喷泉，里面还有一个小小的雕塑，妈妈每天早上来到幼儿园都会看到它，好像在和我打招呼一样，现在已经变成了小朋友们活动的场地，还铺上了绿绿的地垫，这可是特意为你们改造的！""而且现在前院也变成了每周举办的升旗仪式的地方，小朋友们站成一排排的，和老师一起参加这个神圣而又庄严的仪式……"好像一切都已经变了，但好像一切又没有改变，带着女儿走过这熟悉又陌生的地方，每一间上过课的教室，午睡过的卧室，就连每一层台阶，都是我记忆里的样子，就像见到了多年未见的老朋友一样，就像回到了多年未曾回过的家。

还记得第一天送女儿去幼儿园的时候，她和我当初第一次去的时候一样，也是哭着闹着不让我走，这次作为家长，多亏老师提前跟我们说过，这种情况的应对办法。在老师的帮助下，女儿也很快地适应了幼儿园的生活。小时候的我不懂为什么爸爸妈妈这样做，现在却明白了老师们的用心良苦。每当老师教会女儿新知识的时候，她都会问我，妈妈，你小时候，你的老师也会教你吗？我回答她，当然了，因为你的老师也是我的老师啊！

有一天，我接女儿放学回家的时候，与老师道别后，无意中瞥见那颗属于我小时候记忆里的"小树苗"，现在的它已经变成了大树，记忆中老师对我们的谆谆教诲也回响在耳边，我想，这大概就是一代人与一代人的传承吧。在我小时候，老师和我们种下的小树苗变成了多年后的参天大树，而我也在每一位老师细心的照料、耐心的教育下，长大成人。而这所有的一切，也是我的女儿和她的老师现在正在经历的。若干年后，属于她的"小树苗"也会变成参天大树，这一切的一切，都源于任劳任怨、不辞辛苦、不求回报的"园丁"——老师！

回忆是有门的，走进去就像是穿越了时空，可以和小小的我对话。回忆也是有温度的，没有刻度也能让我瞬间融化在幼时的喜怒哀乐中。现在的我已是而立之年，回望时总在感慨时间的飞逝，也总会感恩成长的美好。谢谢老师们尽心的教导，谢谢我的小伙伴们那些年的纯真陪伴，谢谢幼儿园的芳华岁月让我有这么多美好的回忆。

三明路幼儿园，我和你一起长大了，真好！

第二章

文化引领

精神沃土

—— 求真　崇善　尚美　至爱

　　幼儿园的园本文化，是在幼儿园的发展过程中与全体教职工息息相关、无处不在的，代表了全体教职工共识的文化取向和价值主张。我园始终坚持以"一切为了孩子的终身发展"为办园理念，以规范制度建设为重点，在人文管理中注重依法办园，依规处事；以先进的教育理念为引领，深入推进课程改革，提高教师的专业技术水平；以优异的教育教学质量为核心，教养并重，促进幼儿健康成长、全面发展；以心理健康教育为抓手，营造师生愉快工作、健康成长的环境。引领职工努力达到根植于内心的修养，无须提醒的自觉，以约束为前提的自由，为别人着想的善良。30年来，幼儿园持续、稳步、和谐发展，全体教职工无论顺境逆境，在园领导的带领下，砥砺前行，始终不忘初心，牢记使命，为了每一名幼儿的健康发展，默默耕耘，无私奉献，积淀了"求真、崇善、尚美、至爱"的文化精髓，为幼儿园凝心聚力打牢共同的思想基础，为培育良好的职业道德风尚提供肥沃的精神土壤，彰显了我园构筑文化软实力的前沿教育理念和科学的管理体系。

　　求真——"千教万教教人求真、千学万学学做真人"，我国著名教育学家陶行知老先生主张，教育的第一步是"求真"，教师的职责是"教人求真"，"真"是我们教育的出发点，也是归结点。把"求真"放在园本文化的第一位，充分体现了三明路幼儿园尊重知识、尊重科学，为培养敢于探索、追求真理的国家栋梁奠定坚实的基础。

崇善——《大学》："大学之道，在明明德，在亲民，在止于至善"。教师的教，学生的学，目的在明德、至善，其前提就是"崇善"，也就是注重善行，完善人格。所以我们的教育首先要求教师注重善行，完善人格，然后以自身的人格魅力去影响人、教育人、发展人、完善人。

尚美——孟子曰："充实之谓美。""美"蕴涵着心灵美、语言美、行为美、环境美等丰富的内容；它既是外在的、物质的，也是内在的、精神的。"美"使生命充实了起来，与"崇真"互相呼应，互相补充。"尚美"不仅是人的天性，更是一种高尚的人生境界，教育就是温暖人心，美丽世界。

至爱——哲学家说，爱是一种特料制成的媒介物，它使人容颜焕发，青春常在；文学家说，爱是一首激动人心的抒情诗，让人心潮涌动，热情澎湃；医学家说，爱是一剂千古难觅的心理良药，令人经络疏通，忧愁不在；教育家说，爱是一种无与伦比的教育手段，使人学业有成，精神百倍。我们提倡的至爱，是一种将心中所爱几近神圣化的情感感受，因为"疼爱自己的孩子是本能，而热爱别人的孩子是神圣！"我们的幼儿园教师所给予的爱恰恰就是这种神圣。

园徽设计释义：

（1）标识"M"，"明"的拼音首字母；

（2）"M"像在海面上展翅飞翔的海燕，寓意幼儿园在市南区教体局的关怀指导下，克服重重困难、乘风破浪、奋勇前进；

（3）太阳喻示着幼儿园的培养对象——孩子，在幼儿园里健康、快乐、愉快、自主地成长，一棵棵苗壮的幼苗如太阳般冉冉升起，充满活力与希望；

（4）"M"与上方初升的太阳，象征教职工辛勤耕耘，甘为人梯，双手托起明天的太阳；

（5）蓝色的波浪纹是"三"的变形，同时也喻义海洋，我们临海而居，知海、爱海、护海是师生的共同责任和义务；

（6）外圆代表全体教职工在幼儿园这个大家庭中，凝心聚力、团结协作，整体图案设计采用了红、黄、蓝三原色，代表求真、崇善、尚美、至爱的园风，色彩明亮、富有生机。

最美教师

人间正道是沧桑　辛勤耕耘守初心

王秀云

我是1986年青岛幼师毕业的，1991年青岛市委党校毕业后，从莱西市牛溪埠镇妇联调入刚成立一年的青岛市卫生局幼儿园，一晃30年了！

1. 第一个十年——艰苦创业期

大浪淘沙：20世纪90年代，幼儿园建园初期的人员，有的已经退休，有的在90年代末期就改行了！目前大部分人员都已经离开，剩下的几个教师也基本到了退休年龄。时代的变迁，人员的更新换代，像潮水涌浪般后浪推前浪，一直坚守下来的，一定是坚守初心的。

艰苦攀登：30年留给我大部分是建设与发展的刻骨铭心记忆。1992年幼儿园上一类等级，怀着身孕，晚上住在现在的档案室，几天几夜不回家；1995年上省级示范园等级，更是加班加点，那时候孩子又小，无人看管，我们娘俩经常住在幼儿园，孩子生病了，就去辛家庄社区打一针，我生病了，就挨着！记得肚子和腰疼了好久，去青医看后说是宫体炎，给开了一周青霉素吊瓶，哪有时间去打针，就这样一个吊瓶也没打。硬是挨过了！

上省级示范园等级后，托幼费上涨为60元/月（建园初期是12.5元/月），周边只有幼儿师范附属幼儿园和青岛市卫生局幼儿园，幼儿园生源饱满，个别班级达到60多名。有时候缺老师，就一个人从早到晚硬是撑了一个多月，有的老师累得得了咽喉炎说不出话仍然坚持天天上班。1995年后因周边幼儿园相继建成，对我们造成了一定的冲击，生源受到严重影响。到1998年由原来的8个班级缩减到5个班级，孩子数不到150人。我们的工资因收入降低减少了一半，那时候托幼费是90元/月，每个月收入不到2万元。而外债已经欠下20余万元。幼儿园已经举步维艰，幼儿园还要发展，职工不理解，闹起了情绪，甚至出现集体上访的现象，有的人离职，有的干脆休起了长假。时任园长不堪压力辞职，全园从30人减少到22人。就在这年，我临危受命由党支部书记兼任了园长，一直干到现在！

举步维艰：刚开始当园长时，因经费紧张，各种事情可以说是百废待兴！为减少经费我们集中到现在的小一班集体办公。为节约电，没有孩子时冬天连暖气都不舍得开，冻得感冒发烧，嗓子哑着说不出话一个月仍然坚持天天上班。幼儿园行政办公区在青岛市卫生局分管部门的建议下，也曾要租给青岛市口腔医院当社区医院用，从伙房后院墙开门，跑了一个月已经办好开门手续。因租金问题没谈成，口腔医院理解为免费使用，而我们以为出租可以增加收入。幸运的是，经过不断地向主管部门争取，最终将家长的20万元借款，在大班离园前全部还上。时任卫生局局长曾经在现在的小一班给我们全体教职工开会下了最后通牒，让我终生难忘的四个字"关、停、并、转"！套用郑板桥的一句话："吃自己的饭，流自己的汗，靠天靠地，不如靠自己！"因为我们是自收自支幼儿园，财政不拨款。很显然卫生局的主产业是医院，而不是幼儿园。主管局替我们还上欠债已经尽了最大努力，往后怎么发展只有靠我们自己。

迎来曙光：1999年，全体教职工思想开始统一，坚持以质量求生存，内强素质、外树形象。六一儿童节，在全体行政人员的积极策划下，在全体教师的共同努力下，第一次在远洋船员学院礼堂，以演出的形式，向全社会和家长展示了孩子和老师的形象和素质，赢得了家长的一致好评！幼儿园的声誉逐渐得以恢复！生源越来越多！以后的多年，每年的六一基本上都是以演出的形式，家长、教师、孩子们同台演出，邀请各界领导前来观看，他们都是带着赞助费来的，孩子们的演出服装，租用场地的费用就够了，有时候还能有剩余，加之平时化缘来的经费弥补了幼儿园的经费不足，幼儿园开始走向了良性发展的循环！

2. 第二个十年——基础建设期

医院托管：2000年是世纪交错的年代，我们的省级示范园荣誉称号，要重新检验，在这一年，我们顺利通过验收！就在这一年，青岛市儿童医院康复科要搞蒙台梭利康复教育，加之幼儿园也不能为卫生局带来经济效益，交给了青岛市儿童医院托管，这样我有机会去了儿童医院工作。我在儿童医院康复科训练过很多脑瘫的孩子，这与我在幼儿园看过的孩子有着天壤之别，让我以后对幼儿园办园条件的改善提供了原动力！干过幼儿园园长的很少有像我这样有机会在医院感受大夫的生活。我真正体验到当大夫的不易！这让我的职业生涯有了不同的眼界和经历，内心还是很感激那些帮助过我的人和遇到的事情！

基础建设：2003年，因幼儿园也不能为医院带来经济效益，医院也无暇搞幼儿园，又将幼儿园交回了主管部门卫生局。2003年3月，我又回到了幼儿园园长的岗位！这时的幼儿园桌椅破损、玩教具急需更新换代，如果不投入，很可能会陷入更大冲击！于是从2004年开始，我们又开始了艰难的跋涉！幼儿园不是营利机构，还要靠主管部门支持，经我锲而不舍地积极争取，先后由青岛市中心医院、海慈医疗集团、市立医疗集团先后将园舍进行了两次大的基础设施改造。填平院子中央废弃多年并存在安全隐患的游泳池，扩大孩子活动面积，更换房顶消除了漏雨的安全隐患，填平了锅炉房里的多年没被发现的深达两米的废弃枯井。铺设了塑胶地面，甚至以借款27.5万元的形式于2005年将燃油锅炉第一家改成集中供热，这为以后在周边地区的幼儿园当中提供了强有力的竞争优势！当然，这笔钱到最后也没还，多年以后，在我们再次经费紧张时，转为收入弥补了收支亏损。

扩大收入：为了弥补收入不足，从2000年左右开始，幼儿园开始开办各类艺术班，在方便家长和满足孩子需要的同时，从很大程度上也弥补了经费的不足。我们全体教职工发扬团结、奋进、努力拼搏的精神，经历过2008年奥运会，因职工工资不断上涨，到2010年实行阳光工资时，我们又无力承担了，当时的托幼费是680元/月。这在当时已经算是很高的了！

3. 第三个十年——蓬勃发展期

历史转变： 2010年国务院下发了《2010—2020中长期教育发展纲要》，对学前教育加大政府投入，2010年我们在主管局的大力支持下，由市立医院出资改造了伙房，将一个炉灶改为两个，将建园以来使用的煤气罐与天然气管道连通，大大降低用气成本。从大酒店引进面点师，自己做面点，两项加起来大大降低了成本，极大地改善了伙食，引来全市很多家知名幼儿园前来参观学习。幼儿园第一次以职工大会的形式将幼儿园升为青岛市十佳示范幼儿园，列进了第五个"五年规划"。三明幼的教职工可以说是历史的创造者。全体教职工，十月一期间，有的连续七天吃住在幼儿园；有的怀有身孕面临生产，老公也来帮忙布置环境；有的家人生病做手术在病床上望眼欲穿；有的孩子尚小几天没有看到妈妈……幼儿园的门头已经破烂不堪，用了十一长假，也焕然一新！2011年10月17日，幼儿园以新的面貌，教师良好的职业素养，伙房的全新饮食理念展现在十佳园的考评小组眼前，最终幼儿园以高居榜首的得分，一次性顺利通过。就在这一年，建园20余年的积淀，持之以恒地坚持迎来了曙光！幼儿园以崭新的姿态迎来了社会赞许的眼光！局领导在年终考核时曾经说过"风景这边独好！"幼儿园在全市整个卫生系统受到表扬，并获青岛市精神文明单位、山东省巾帼文明岗等一系列荣誉称号！各方面工作日趋规范，职工队伍从学习传统文化开始、管理科学、孩子发展好等拉开了迅速发展序幕。2011年是幼儿园划时代的一年，托幼费涨到了历史最高点860元/月。我们梦寐以求的阳光工资也靠我们自己的力量兑现！

脱钩改革： 国家不断重视学前教育，加大了投入，又对幼儿园的行政后勤和伙房、院子地面进行了一次大的改观！2015年因为保险制度的改革，幼儿园又到了举步维艰的地步了！十佳示范园调整的860元/月的收费标准，按照两年一调整的速度停下了脚步，加之保险制度改革的并轨制，导致每个月保险支出加大！幼儿园入不敷出！尽管开办了亲子园、各类艺术班，仍然解决不了问题。这样跌跌撞撞地坚持到了2018年1月，政府脱钩改革，将市本级的幼儿园脱钩到各个区，我们因为地处市南区，自然归到市南区教体局，我从事园长20余年，在没有财政一分钱的拨款下，靠我们自己，没有欠职工一分钱工资，在社会上以较高的声誉屹立在青岛市，成了东部热点园！

尊师重教： 有时候眼里常含眼泪，只是因为我爱着这片土地！时刻把责任扛在肩上！尽管幼儿园困难，解决教师待遇、让教师安心扎根幼儿园却从没停下脚步，目前幼儿园在编教师20余人，同类自收自支幼儿园，为了降低支出，仅有园长等管理人员属于在编人员，而我们幼儿园，借助于卫生系统考录进编平台，也是严格程序，逐年分期分批确保在幼儿园工作多年的骨干力量顺利进编，解决了后顾之忧！目前，随着国家强大，对学前教育的重视，困扰了我们30年的自收自支性质幼儿园，已于2019年归到市南区后转为差额拨款幼儿园！

我们感慨万千，感谢党和政府，我们赶上了一个伟大的时代，我们的辛苦没有白付出！天道酬勤，现在的三明路幼儿园鸟语花香，三季有花、四季常绿。方寸之间有灵性，处处是景有深意，宛若世外桃源！未来一定会在此基础上百尺竿头更进一步！

写给我成长的幼儿园

王欣荣

坐在电脑前，我不断敲打着键盘……思绪一下子回到27年前，在1993年的那个夏天，与幼儿园相遇的那些日子。

红瓦掩映在路边的法国梧桐中，在阳光下闪闪耀耀。幽静的院子里左手旁是一条樱花路，每年春天，老师们带着欢呼雀跃的孩童们在树下捡拾花瓣、拍照、写生，那满院子玉兰树的洁白与清香，倚在旋转楼梯上拍照的一张张笑脸……这里是我职业生涯的起点，我工作的大部分时间与之牵挂。

刚工作时，院子里的大玩具都是铁艺的，转盘椅、圈圈自行车、坐在高高的大滑梯上，伸手仿佛就能够到云朵，教室里的一台风琴，踩着吱吱呀呀的乐音，温暖了全班的老师和孩子们。那个时候，每个班的孩子们都很多，近60名孩子的教室，座位几乎从最前排到最后，虽然很辛苦，更多的却是和孩子们一起的甜蜜，大队人马在小区里寻找春天的色彩，全班步行近千米参观最近的一个邮局，户外活动去临近的北山公园……中午的时候，一张大通铺把孩子们连在一起，你挨着我，我靠着你，偶尔睡不着的小朋友在被窝里偷偷玩着手指，被嗔怪的老师发现后装睡，现在想来都是那么美好。

岁月本身就是力量。30年好像只是眨眼间，我们就从懵懂的少年，到了不惑的中年。幼儿园资金匮乏时，老师们自己动手给桌椅板凳刷油漆，粉刷室外玩具，推着小车买煤买粮，有几年，我们真的特别难，难到为了节省资金，在孩子们不来园时停掉暖气，难到买一块钱的演出服回来自己手工缝制，这些都是成长的印记，也是岁月的沉淀。

爱是幸福的源泉。在三明路幼儿园，我体会到的是爱。领导对职工的关爱，同事之间的亲爱，师幼之间的纯爱，家园之间的友爱。30年的时间，回忆最多的是那些年的往事美好，心里更多的却是对那段过往的留恋。每一次的升级上类，每一个人的奋力拼搏，不计得失，每一次对做好本职的最高要求，都是源于热爱，源于对团队的认同，30年的时间，幼儿园的每个人都在描绘着自己不同的人生，实践着自己的理想，篆刻着三明路幼儿园成长进步的阶梯。

"日月三十载，荣光相与共，征途谱新章，幼教展宏图。"现在的三明路幼儿园有历史的积淀，有新颜的焕发，时光与经历把三明幼从一棵幼苗变成一棵大树，生机盎然，蓄势成长。祝愿我成长的幼儿园生日快乐，祝愿我亲爱的领导与同事们，依然是心潮澎湃、阳光快乐的那个少年。

三十而立　华章日新

——写在三明路幼儿园30年园庆前夕

王　瑾

2019年7月，接到工作调整的调令，我来到市南区三明路幼儿园，转眼间已经快一年了，也迎来了三明路幼儿园的30年园庆。回顾这一年来的感受，有初来时的温暖、有工作中的感动、有同事间的关怀……我融在其中，深深地爱上了这里。

有韵味的人文校园

这是一所春有花、夏有阴、秋有果、冬有青的花园式幼儿园，处处生机勃勃。环形的户外活动场地把教学楼围绕其中，孩子和教师们就融入大自然的气息里。

跑道旁的樱花树，后院里的玉兰花、爬上围栏的蔷薇、种在篱笆内的油菜花；还有秋季压满枝头的无花果、随风摇曳的金色麦穗……更别提那院落里的小池塘，鱼儿惬意地游来游去，待你靠近，他们就一溜烟躲到池塘上搭建的小桥下……真可谓是何处不风景，随处是心情。

有温度的教职工队伍

这是一个有爱、有温度的团队。性格温和、笑容满面的园长营造了温馨、自由的园所氛围；心中有爱、眼中有光的教师们赢得了孩子们的喜爱和家长们的认可；细致认真、敬业乐群的后勤队伍筑起了幼儿园各项工作的坚实保障。所有的教职员工用"温度"促工作进度，以"温度"延工作深度。

记得我刚来园不久，一位老师参加优质课评选，上午试讲结束，研究确定修改方案：活动过程进行调整、教具需要重新制作、课件还要进一步完善……这些后续准备需要花费不少时间。谁知午休时间，全园教师总动员，画的、剪的、做的、粘的、改课件的、录音频的……到下午的时候，教师已经从容地进行第二次试讲了。三明幼就是这样，团结协作、互帮互助蔚然成风。

幼儿园早操场地比较分散，早操观摩时七个班级轮流在同一场地展示，要花费整一上午的时间。勘察了场地之后，幼儿园决定重新进行规划，要在新选用的草坪上用油漆绘制早操站位的点与圆。保安师傅和伙房师傅二话没说，利用幼儿离园后的时间和周六、日时间，加班进行绘制，分毫报酬未取。周日晚上下起了小雨，待我周一一早去后院看时，那些刚画好的油漆点上已经用篷布、小凳儿、积木撑起了"雨伞"，这是保安师傅冒雨一点点搭起来的爱心"伞"。三明路幼儿园就是这样，爱和温暖充盈在幼儿园的每个角落。

有才艺的教师团队

这是一群有才艺、有特长的教师。每位教师都"身怀绝技"，只有你想不到，没有大家做不到。

2019年9月，幼儿园策划了"教育逢盛世，奋斗正当时"教师节庆祝活动。教师们各显神通——诗朗诵、小合唱、舞蹈、绘画、口琴合奏、钢琴独奏……每位教师风采卓然、精彩绽放，俨然一场艺术盛典。同月，教师们参加了金门路社区"庆祝中华人民共和国成立70周年"文艺汇演，表演的歌伴舞《越来越好》，唱、跳都堪比专业水平，赢得满场彩！这还只是"冰山一角"。你看：班级环境创设的更迭交替、活动区玩具的推陈出新、教育幼儿的贴心妙招……还有这场突如其来的新冠疫情，教师们摇身变成网络科技达人，录制音频视频、剪辑短片课件、制作微信公众号、化身导演……教师们就像是一个个"魔术师"，弹唱跳、写作画、讲诵读，无所不能，样样精通！

有特色的健康教育

这里有回归自然的健康教育特色。健康教育目标贯穿幼儿一日生活中，为幼儿提供真实、丰富多彩的自然环境；从自然中吸纳丰富的教育资源；用最本真、自然的方式学习、生活，给幼儿提供更广阔的发展空间。

这里的孩子健康快乐。每天充足的户外活动，孩子们尽情玩耍、勇于挑战；每日多彩的活动区游戏，孩子们自由探索、创意无限；每学期组织的"森林日"活动，孩子们亲近自然、探索发现……

这里的孩子勇敢自信。周一升旗展示中，孩子们大方自信、勇于表现；早操活动中，孩子们精神抖擞、朝气蓬勃；集体活动中，孩子们积极踊跃、乐观向上；体能运动中，孩子们生龙活虎、神采飞扬……健康教育，孕育了一批又一批孩子茁壮成长，让一批又一批孩子从这里起航。

三十载春秋交替，三明路幼儿园奏响了属于她的华章；未来岁月可期，全体三明人定会用心、用情投入，换来新时代的教育回响！

初心不忘 芳华永驻

阎 冰

2020年6月，幼儿园30岁，我的园龄29岁。三十而立，正是蒸蒸日上的好时候，而园龄29岁的我，就要步入知天命的行列了。伴随着幼儿园30年的风雨历程，当年乌发及腰的小姑娘，如今已是两鬓斑白，当年的忐忑懵懂，也已历练成胸有丘壑。成长的足迹随着岁月越走越稳，渐行渐远的往事尽管有些模糊但印迹仍在。

还记得20世纪90年代，幼儿园寄宿制，每天三餐两点。那时伙房大灶是烧煤的，幼儿园的土暖气也是烧煤的。那时伙房清一色女厨师，虽然都是半路出家，做的都是家常菜，却饱含着浓浓的"妈妈味"。那时每到儿童节、教师节伙房师傅们才会做一些中式点心如蟹壳黄、菊花酥、红豆酥，好看又好吃。那时好长时间才能吃一次饺子，和面、拌陷、擀皮、包饺子全部自己动手，包饺子时全园出动，大多数老师是来学艺的，包出的饺子长的、扁的、趴着的、躺着的，五花八门，惹得大家哈哈大笑。那时每季度的膳食调查全部手工计算，如解数学题一般。如今，幼儿园的大灶已经改装为天然气，土暖气也早被小区集中供热取代，孩子们每天都能吃到面点师自制的各式美味糕点，每周通过电脑进行营养计算后制定下周的带量食谱，只有饺子，除了不用自己擀皮，还得一个一个地包，偶尔还会有老师去学一下包饺子的手艺。

还记得休完产假，正值幼儿园"山穷水尽"，人心惶惶，人员不齐，我临时到班级里顶岗保育员，一干就是一年半。如今保育工作岗位的流程和标准已有了很大的改变，但实质没变，当年真刀实枪的锻炼，为今天带领和管理保育员团队奠定了坚实的基础。

还记得2001年春天，报名入园的孩子突然增加，园领导临时决定把这些新入园的孩子无论年龄大小编入一个混合班，由我和李芳芳负责，我担任班主任。不是科班出身的我们俩，带着这29名孩子，跌跌撞撞地过了一学期，在酸甜苦辣中真切体验了"为师的真谛"：每个孩子都是自己手中的宝，哪怕只有一学期的时间。

还记得幼儿园1200多册图书需要规范管理，我和任老师从寻找编码开始，按照图书馆的标准将每一本图书登记造册，建立图书借阅制度。那时的图书资料室是木制的书架和橱子，2016年改造为带滑道的一排排文件密集架，存放安全、取阅方便、管理规范，已是今非昔比。

还记得在办公室一人身兼数职，档案、人事、工会、普法、宣传、党建、资产、采购、维修，全部由我一人负责。同事的电话号码、工资职称，固定资产陈年老账里的"古董"什么来历、有多少、在哪里，幼儿园各种证照的号码、用途等，我几乎都能张嘴就来，有些老同事开玩笑地叫我"电脑"。

还记得那时园长为了办园经费经常在卫生局各个处室游说，哪怕有一点希望也要积极争取，所以我就时刻待命，只要接到园长的通知，就立刻按照要求拟写资金申请的文件，练就了"短、平、快"的本领。

还记得每年年底我带着各种材料，参加卫生系统各个单项工作的年度考核，时间长了混了个脸熟，考核组的组长都知道，别的单位是一人负责一个考核项目，而幼儿园是所有的考核项目一人负责，也就格外"手下留情"，至今我都心怀感激。

还记得刚接触人事工作，工资、职称、退休、保险、合同一头雾水，更别提烦琐细致的各项政策。人事工作牵涉每个人的切身利益，从事的时间越久，了解的政策越多，遇到的问题越复杂，思考的角度越全面，也就越感到责任重大，牵一发而动全身，每一件事都如履薄冰，小心谨慎，也造就了我坚持原则、顾全大局的工作作风。

还记得……

和幼儿园共同成长的29年里，从事过幼儿园的每一个岗位，每一个岗位都是一个成长的平台，每一段时光都有一个故事。在伙房，学会了生活技能；在班级，懂得了爱和责任；在办公室，开阔了眼界和胸襟。今天，重回卫生保健岗位，有了以往的积淀，更加从容淡定。

最美的事不是留住时光，而是留住记忆。但愿，时光，如初见。

脚踏实地　仰望星空

胥殷萍

我从未想过，天生不擅于歌舞与言谈的我，会当上一名需要十八般武艺的全能型幼儿园老师。报考大学时我被调剂在学前教育专业，当时就一个字——懵，毕业前找工作，看着考编文件"青岛市卫生局幼儿园招收1名"，抱着当炮灰的心理决定一试，但即便是"碰运气"也要付出全部努力，只为不后悔，没想到我与幼儿园真的结缘了！

成长心路程

"第一位本科生"并没有给我这个初出茅庐的人带来优势，顶着三高头衔——定位高、标准高、压力高，却是毫无经验、糗事百出，弹唱跳画技艺远远不足。我又交际恐惧、从里到外不显眼，自然不是很讨喜。不过没关系，我懂什么是笨鸟先飞、勤能补拙。动作不协调我回家一遍遍练，口令不会喊我一句句和老师学，琴技差我天天加班弹……

云淡风轻转眼工作五年，哺乳期刚结束，一次我经过园内，园长突然叫我，顿时心里扑通地跳，眼前飘过各种缘由，一步一步迈进园长室。园长笑眯眯开门见山："想不想干班主任？""啊？"没错，当时我就这么诧异，没控制住一声喊出。想想我要对整个班级负责！要与所有比我年长的家长谈教育！嘴巴舌头在打架，语无伦次地拒绝了园长。巧遇一位同事，我把这件震惊的事一吐而出，她鼓励我得"加油干"，云里雾里我又转身重新走进园长室，说了我的想法，园长笑着说"怕什么，又不是让你干全国优秀班主任，认真干好班里的工作就行"，今后我便以此自勉，心里也油然生出一个疑问。人生会遇到很多路口，是选择继续留在熟知的原路，还是到未知的前方挑战一下？其实不必过于纠结，勇敢迈一步，不管如何相信都是最好的选择，只要做好当下、问心无愧就好。

还好，离着小班新生家长会还有一个长暑假呢，我有充分的时间做准备；还好，我近两年都在小班，对分离焦虑还是有些话语的；还好，可以请教身边经验丰富的老师……摆好心态，开始一腔热血，新生家长会很重要，年轻的我没有特别的优势，只有全力对待，尽自己最大的努力给家长留下一个认真负责的好印象。理论结合实践，我足足写了8页密密麻麻的讲稿，整个暑假中午把孩子哄睡后我就开始背稿，每日背诵、字句斟酌、反复调整……这一天终于还是来了，面前变成了46位密密麻麻的家长，坐在我眼前，压在我心里，我紧紧攥着8页稿纸有备无患，心想万一紧张得忘了，大不了照着稿子读，还好还好、顶住压力、全场脱稿，时间过得好漫长，虽然也有小瑕疵，但也算是交上了一份满意的答卷。

老师对自己的第一届孩子往往会有特别的情感，我们陪伴他们长大，他们见证我们成长。虽能力经验有限，但年轻老师也有秘诀，面对孩子就是"爱"，面对家长就是"真诚"，遇到事情，不要着急埋怨下定义，学会将心比心站在他们角度看问题，我们自然就能理解了，而理解是彼此沟通情感最好的宝典。身为教育者，我们要有博爱，尤其是面对易犯错的孩子，批评或惩罚的前提是尊重与爱。

有让我感到自豪的事，自然也有不尽人意的事。由于我性格属于直来直去，面对个别家长，有时不懂得沟通上的变通。总之，我想告诉年轻的老师们，遇到事情时不知道自己处理是否得当时，要多虚心问问经验充足的老教师，遇到不理解我们工作的家长时，不要害怕面对，越退缩越易成为隐患，更要主动与他们沟通，用行动感化他们获得理解。如果付出没有得到想要的回报，也不要气馁，正如园长和同事鼓励我的话"这些都是成长的最好教材"，没错，吸取教训，继续成长。

迎接新挑战

当年那个疑问我一直没放下，入园以来我并不突出，成绩鲜有，平时与园领导们也是交谈甚少，为什么会选我当班主任？后来与园长交谈中才有所会意，要从一件事说起。当年休完产假，我分配在新生小班，白天没有时间进行案头工作，都是利用每次吸奶的半个小时，腾出右手写教案，有一次园长巡班恰巧看到了（当时的我超级尴尬、面红耳赤）。可这件事对她触动很大，她很感动，观察我平日工作踏实认真、懂得自律，所以相信我会带好班。这里谢谢园领导们对我的信任，也谢谢同事们对我特殊时期的照顾以及鼓励，我会一直心怀感恩。

2019年对我来说是特别的一年，年初我顶着压力，兼当教研组长，年中迎来第二届新生小班，第一次家长会至关重要，这时家长会对我们形成初次定义，定义形成容易转变难，这将决定接下来的相处沟通是基于信任还是质疑，所以一定做好准备！这次的我，变得不一样了，坦然自信、兴奋激动，完全是我想要的效果，也让我与家长们的沟通有了良好的开端。

刚刚克服面对全体家长的心理压力，又迎来新的挑战。新小班班长兼任教研组长，又面临新调来的园领导，在全体教师及新领导面前开口组织教研，压力瞬间倍增。怎么办？还是老办法，把每次教研都当成一次小考，提前做好各项准备，将流程及主持词熟背，虽然在每次努力后，仍少了份自信自如，但是我相信没有白白付出的努力。

2019年年尾赶上区教委党组培养年轻中层干部的好时机——幼儿园在园内聘选园长助理，在幼儿园党组织的信任下，在同事的鼓励下，我竞选成为园长助理，初任新岗位是迷茫的，与教师岗位完全是不同的，以前积攒的很多经验不适用于新岗位，又是一个从头学起的新开始。

　　虽然岗位有所变化，但我深知不管身在何职，都要恪尽职守干好当下，切勿好高骛远、拈轻怕重，更不要将时间浪费在期待际遇上，际遇不可以选择，但可以选择自律，坚持脚踏实地，某天抬头仰望时，眼前自然星空万里。接下来的工作，我还会遇到很多挫折与考验，也许我不够优秀，但我愿全心全意为上级领导分担工作、为老师们做好服务、为幼儿园的发展尽职尽责！

停留在记忆中的芳华岁月

包 鑫

走过明媚的春季，沐浴夏天的炙热，走过金黄的深秋，迎接寒冬的凛冽。30年光辉岁月，30年春华秋实，转眼间迎来了三明路幼儿园建园30周年的日子。虽然离开幼儿园多年，但我始终忘不掉为之奉献青春、挥洒汗水的地方，回顾过往，那些点点滴滴又浮现在我的眼前。

30年前，略显稚嫩的我，踏出校门带着对幼教事业的热爱，来到了当时的青岛市卫生局幼儿园，开启了一段美好的教育时光。当时的青岛市卫生局幼儿园是一所新建小区的配套幼儿园，和我一起来的都是刚刚幼师专业毕业的学生，一群充满朝气活泼可爱、对未来充满希望的大孩子。当时的幼儿园四壁空空，只有基本的桌椅条凳床等设施，也没有钢琴，每个教室只有一台风琴（两只脚踏板的那种），院子里有几棵樱花树和铁质的中小型玩具。为了顺利开园，时任园长孙丽华请了当时的青岛市卫生局下属青岛科技馆的画家张伟带领我们开始进行改造，几天的工夫，幼儿园的墙面全是我们的作品，教室变得富有生气了。院子里的小道旁是泥土，我们这群小老师愣是在小道的两旁镶嵌了一溜长长的鹅卵石，又冒雨推着三轮车运沙倒土平整了院子，美化了环境，即便有人手上磨起了泡，也满不在乎地说句没事，此刻想想当时的那股子干劲仍然心潮澎湃……

开园初期，幼儿园有大中小托四个年龄班，每个班的孩子不是很多，大都来自卫生系统的家庭和周边居民的孩子。幼儿园开设三餐两点，还有寄宿制，有双职工家长上三班、有父母一方在外地工作没法照顾孩子的就可以寄宿在幼儿园。记得有个脸蛋胖乎乎说话害羞的小女孩，她就经常寄宿在幼儿园。有一次和我一起值夜班的老师临时有事只剩我自己，虽然有看门的爷爷，但晚上空荡荡的寝室里自己一个大孩子搂着一个小孩子真是害怕极了。我就找了许多根跳绳把寝室和盥洗室的门把手从寝室里面牢牢地拴在一根绳上，然后克服恐惧装作很老练的样子讲故事哄她入睡……

虽然我在当时的青岛市卫生局幼儿园只工作了十年有余，但我一直都很感恩，直到今天我还很庆幸在职业生涯中能够在这个幼儿园里和这么一群善良、敬业、认真、负责的幼教团队并肩做事，无论是园领导还是身边同事在工作及生活等各方面给予我的关怀、鼓励、帮助和支持，让我成长、让我进步，也为我以后的发展奠定扎实的基础。2000年前后，幼教事业百花齐放，国内大批人员出国，我为了进一步学习国外的幼教理论，毅然赴新加坡学习，回来后，就被现在的市南区爱心幼儿园聘为副园长一直到现在。如今偶尔回到曾经工作过的幼儿园就如同回到娘家般的亲切，我为我曾是青岛市卫生局幼儿园的一员而感到由衷的骄傲和幸福！

幼儿园的30年，是发展的30年，奋进的30年，辉煌的30年，我衷心祝愿幼儿园的30华诞将成为继往开来、再创辉煌的新起点！也祝愿各位领导、老师们幸福、健康、快乐！

手捧蓓蕾　静待花开

——早教中心，孩子认识幼儿园的第一个老师

幼儿园自收自支，办园资金非常紧张，为了增加收入和争取生源，早在2002年，园领导就萌生了开办亲子园的想法，但因种种原因未能实现。直至2004年，青岛市卫生局幼儿园亲子园成立了，由时任园长助理王欣荣老师负责，主要开设2~3岁年龄段的亲子课程。王欣荣老师承担全园教育教学管理工作，平日工作很繁忙，接手亲子园工作后，尽管招收的幼儿人数不多，但每周两次的课程和教具都要自己完成，工作量骤增。亲子园课程的制定是个大工程，毕竟那个年代针对早教方面的信息很少，王老师便到处寻找各类早教书籍，整理制定符合2~3岁年龄段幼儿特点的课程。凭借着丰富的教学经验和过硬的教学技能，亲子园的课程得到了家长的认可。一个学期后，因工作任务繁重，王老师无法全身心地投入亲子园工作，虽然有太多的不舍，亲子园还是停止了招生。期间还有李谦、李琛等多位老师，也在繁忙的工作中参与过亲子园建设工作。我们的老师就是这样，只要是幼儿园有需要，从来都是服从大局，克服各种困难，不计个人得失！

2010年前后，3岁以内的启蒙教育越来越受到年轻家长的推崇，各种早教班如雨后春笋般涌现。此时，教育局下令所有幼儿园的兴趣班停办。面对幼儿园的生存问题，王园长又想到了亲子园。这时的幼儿园开办亲子园，比2004年更具有优势，无论是场地、教具还是师资力量，条件也更加成熟。具有丰富教学经验的王群老师勇挑重担，因为面临招生季，为保证

生源，所以只开设了2~3岁亲子园课程。早教的课程更加注重游戏性和亲子互动，每节课都是面对家长的公开课，从这个角度来说，早教课程对老师的综合素质要求更高。王群老师购买了大量的早教书籍，通过网络观摩学习国内外早教课程，整合幼儿园托班的教学大纲，制定符合每个月年龄发展的教学目标，自己动手制作每节课的教具材料，在实践中完善课程、积累教具。王老师上课很有主动性，课程丰富多彩，吸引了很多家长慕名而来。逐渐地，我们的早教课程形成了自己的特色，课程包含动作发展、语言发展、感统训练等一系列内容，在周边社区赢得了很好的口碑。

应家长的强烈要求，我们又开办了1~2岁早教班，由何然斐老师来负责。何老师年轻漂亮、充满活力，二楼的早教教室顿时热闹了起来。2~3岁幼儿人数多，1~2岁孩子年龄小，上课时间要符合幼儿发展特点，还要充分利用教室的资源。周一到周五，上午第一节课是2~3岁小朋友，第二节是1~2岁小朋友，下午是2~3岁小朋友，时间排得满满的。

随着亲子园的声誉不断提高，2~3岁幼儿报名人数越来越多，综合考虑幼儿园的生源和发展，决定停办1~2岁班，扩招2~3岁班，两位老师共同负责上课。为了更好地让孩子适应幼儿园生活，在两位老师的建议下，经幼儿园研究决定每年的5月1日后开设半日班，早饭后来园，一上午的时间按照幼儿园作息安排课程，午饭后再离园，适当提高收费标准。这样不仅可以让孩子提前熟悉幼儿园的生活，还可以让家长了解幼儿园的作息，在家里有的放矢地培养孩子的生活习惯，为孩子的入园适应做了充足的铺垫。早教课堂得到了家长的一致好评，早教班的小朋友入园时几乎都选择了三明路幼儿园。早教既保证了幼儿园的生源，又很大程度上弥补了办园资金的不足，为幼儿园的发展留下了浓墨重彩的一笔。

2011年，市南区托幼办举办了第一届高级育婴师培训班，两位老师参加了培训并以优异的成绩取得了高级育婴师资格。随后市南区托幼办成立了市南区公益早教团队，我园成为公益早教中心之一，两位老师认真负责任地对待每一节课、每一个孩子，很快在市南区亲子园崭露头角，成了骨干力量。王群老师多次参加早教研讨工作，并参与了市南区公益早教教案的制定和指导；何然斐老师参加了市南区公益早教指导用书录像拍摄和教案编写工作。

随着青岛市幼儿园招生政策的不断完善和规范，尤其是2018年幼儿园脱钩改革归属市南区教体局，办园资金有了保障，早教与招生完全脱离，我园早教中心顺应时代发展，逐渐转变为公益早教，课程也改为每月1次亲子课程、1次家长讲座，不再收取任何费用。两位老师也光荣地完成了她们的历史使命，又继续从事着其他工作。虽然现在的早教教室不复往昔的热闹，作为孩子们入园前的第一任老师，看着从早教中心毕业的宝贝进入幼儿园后，很快融入幼儿园生活，看着家长每天带着满意的笑容目送孩子入园，还是很欣慰的。那一刻，我们感到幸福满满，成就满满！

三明路幼儿园早教中心的老师们将会继续努力，期待未来会更加美好！

梅花香自苦寒来

——毕生献给幼儿园的老教师们

我们幼儿园有这样几个老教师，她们的工作年限与幼儿园同龄，与幼儿园同呼吸共命运，有着30年的教龄和丰富的教育教学经验，几十年如一日，无怨无悔地奋战在幼教一线，她们有的是共产党员、有的曾获得教学能手、爱幼标兵等荣誉称号，有的多才多艺。她们最大的共同特点是对孩子的那种无私、博大、满满的爱！她们分别是任红伟、安晓慧、王群和李谦老师，让我们一起来听听她们和幼儿园共同成长的故事——

1990年2月，幼师毕业的我来到了卫生局幼儿园，成了"孩子王"，也成了孩子们的"妈妈"，教孩子、爱孩子也成了我的人生奋斗的目标。

开园前，由于条件所限，没有保育员和清洁员，只能自己穿上雨鞋，拿起刷子，在家从没干过的活，硬是逼着自己干得有板有眼。那时还是计划经济年代，我还同伙房人员一起推三轮车去粮店买粮，我从来没用过手推车，去的路上空着车子比较轻松，还觉得很有趣，回来的路上车子上放满面粉就不那么轻松了，走一路小车翻了三四次，一起买粮的同事又急又累，蹲地上哭了起来。这种经历估计没几个人能体验到吧。

开园后，教室里可以称得上"简陋"。教学设备就是一架风琴，每天踩着风琴自编律动。玩具很少，老师们就自制各种玩具，指导孩子玩编绳、沙袋、跳皮筋。教学楼外墙，老师们都画上少数民族、动植物、体育锻炼的教育图画，特别是喷泉内，老师们也画上海洋动物，一笔笔都积累了对工作的热情和憧憬。后来幼儿园开展了主题教育活动，特别在科学区的玩教具制作上，我的"不一样的思维"到了充分的发挥，首先是各种各类的棋，有传统的五子棋、围攻棋、对称棋、九子棋、交通棋、环保棋、地球村棋等；还有各种科学小实验材料，潜望镜、摩擦起电的蜜蜂飞、万花筒、三棱镜、照相机、小猴爬滑梯、旋转水车、旋转陀螺、油水分离瓶、交通警、接龙牌等。这些玩具的科学原理涉及了沉浮、反射、透视、电、光等科学现象，让孩子们在有趣的操作中发现问题、探究问题，从游戏中获得科学操作经验，养成观察、分析的习惯和实事求是的原则，帮助幼儿获得日常生活有关的知识和经验，更好地激发幼儿从小爱科学的意识。

转瞬30年，光阴在我的脸上刻下年轮，可是我的心依然年轻，依然充满着梦想和追求。19岁那年，在最好的年龄，与大家相遇，没想到自己从此就在卫生局幼儿园扎下了根，为了自己的梦想，为了孩子们，奉献出自己的青春。

——任红伟

"我是一个粉刷匠，粉刷本领强，我要把那新房子刷得更漂亮……"每次听到这首歌，总会不由自主地回想起30年前的日子，难道这就是人们所说的年龄大了喜欢回忆往事了？19岁的我，1990年11月来到这个陌生的环境。幼儿园是小区的配套设施，很多住户还没有搬来，周围一片农地，最近的公交车站在辛家庄，每天早上都要穿过菜地，踩着露水，闻着粪臭味，有时还会被狗追赶一段路才能到幼儿园。

自己还是一个孩子却担当起了50多个小孩子的老师，当时每个人既当老师又当保育员，带着孩子唱歌做游戏，给他们换洗衣服，去伙房打饭给他们分饭，洗杯子刷碗消毒，中午刷厕所打扫卫生，每天回到家腰酸背痛，难道这就是一个少女拥有的梦想？我开始怀疑自己当初的选择，并把这些厌倦的情绪带回家。母亲经常责怪我早出晚归帮不上家里的忙，但父亲却支持我。父亲是一名共产党员，常常说党员就要冲在前面，要处处给别人做表率。父亲的话语和行动默默地感染着我，心里暗暗下决心也要争当一名共产党员。

在一个周六放学后，有个穿着粉红色大褂，带着白色纱布口罩的女孩，站在院子里，左手提着一桶油漆，右手拿着一把刷子，不知从哪儿下手，那是20岁的我。面前是十几张桌子，一堆小椅子。为了响应幼儿园的号召节约开支，我要把我们班的桌椅全部刷一遍，这可是一个从未干过的大工程。我把刷子在油漆桶里蘸了蘸，然后在桌面上挥洒下人生的第一刷。事实上刷油漆没有想的那样简单，一刷子下去，小桶的外侧、地上都滴上了油漆，没刷几下，衣服上、袖子上、手上、甚至头发上都抹上了油漆，油漆过敏的我，开始感到呼吸加重了。尽管如此，似乎有股力量一直在支持着我把工作完成。夜幕降临，肚子饿得咕噜咕噜地响，刺鼻的油漆味越来越重，此时呼吸有些困难了，但是看到油漆过的桌椅已经整齐地排在院子里，感觉像打了一场胜仗。

现在的我已经是一名有着18年党龄的老党员了，依然在这个岗位上默默奉献着，像父亲一样爱岗敬业，尽管已经从班主任岗位转到配班岗位，我也毫不吝啬自己的教学经验和家长工作经验，全力支持年轻教师勇挑重担，脚踏实地、兢兢业业地为年轻人做表率，也会经常向年轻人学习新的技能。

——安晓慧

·

1990年，同样19岁的我怀着满腔热情来到了卫生局幼儿园，之前对卫生局的理解就是个打扫卫生的单位，没想到从此在这片土地上扎了根。记得幼儿园建园的出发点是解决医务工作者的后顾之忧，幼儿园大多数孩子的家长在医院上班，经常值夜班，平常遇到急诊早出晚归是常有的事，我们寄宿制幼儿园便有了托儿所性质的小托班，当时，最小的孩子1岁3个月，最大的1岁7个月，很多孩子穿着开裆裤不会说话，和老师的交流只会点头、摇头。孩子们睡的摇篮式的小床，可以左右摇晃，小床周边都是栅栏，中午入睡的时候老师轻轻一推，小床左右摇摆。孩子如厕坐的是痰盂，需要老师从小床抱下来，当然碰到哪个小调皮不说话，站起来就尿这也是常有的事，自己还是一个孩子却开始实习当妈妈。

有一次是一个小朋友的妈妈到广州出差，爸爸也要封闭学习，整整一个月孩子就跟着我。病了就带孩子去医院，孩子想出去玩了就带着去公园。我的家孩子去住过，我的爸爸、妈妈就是孩子的姥姥、姥爷，哥哥成了孩子的舅舅，就连和男朋友约会也都是带着孩子一起去，孩子已经融入我的生活里了。那时也有那时的快乐，一起值夜班，老师之间有了更多交流的机会，增进了感情；住在幼儿园的孩子也和老师们更加亲近了，家长也对我们这些正在成长中的"孩子妈妈"给予了更多的真挚纯朴的情谊。

陈鹤琴老先生说，教育生活化。90年代的教育真的是生活化，幼儿园周边的北山，台湾路的海，都曾经是孩子们户外活动的场所。有时上完课我会和同事们一起带领孩子去爬山、去赶海，收获的果实带回来烹饪和孩子一起分享。遇到一个土丘或沟壑会让每个孩子尝试从上面冲下来，跨过去。2~3岁的孩子，步行走1个多小时到海边，玩1个小时再走回来，看到孩子实在没有劲了我们会站在路边拦截车辆捎回来或者求助警察派车把孩子们送回来。孩子们在生活中获得了知识，我也获得了不同的人生体验。这些经历让我印象深刻，也是工作生涯中不可磨灭的精彩历练。

如今我已是一名经验丰富、业务能力精干的教师，是我园第一个取得教育能手称号的教师，我园亲子园也是我倾注心血发展成熟的，赢得家长的口碑，从很大程度上弥补了幼儿园经费的不足，为幼儿园的发展贡献了自己的青春和力量。

——王　群

1990年的夏天，刚从幼师毕业的我带着满脸的稚气和对未来的向往来到了青岛市卫生局幼儿园。"育儿二班"是我踏进幼儿教师生涯的第一间教室。几个简单的玩具橱、贴着墙边围坐一圈的小朋友和教室一角的那架一踩上去吱呀作响的风琴，是我对开启人生新篇章的第一印象。因为自己喜欢音乐和键盘，在教育教学工作中也逐渐形成了自己的艺术教学特色，组织和带领幼儿参加一些艺术表演活动，也取得了许多好成绩。

2007年国庆前夕，原市卫生局工会举行"迎国庆合唱比赛"，幼儿园只有不到20名教师，参加大合唱从人数上就不占优势，经过园领导会议决定，我园将派出一支由60名幼儿组成的幼儿合唱团，由我负责排练并担任指挥。合唱是集体演唱多声部声乐作品的艺术门类，既要求单一声部音的高度统一，又对声部之间旋律的和谐有着很高的要求。这对于连旋律音准都较难把控的幼儿来说可真是一个不小的挑战。

接到任务后，我决定选择"同一首歌"这首歌曲，并将其中的和声部分进行了适当调整，更适合幼儿的演唱。从三个大班中挑选出60名音准和节奏还不错的孩子，与幼儿园有"小歌唱家"之称的贾老师一起进行分声部训练。两个声部的孩子都能较好地掌握自己声部的旋律了，合练时毫无悬念地出现了两个声部互相干扰跑调的情况。我及时调整方案，在幼儿两个声部中各增加2名老师进行带唱，然后又增加一支教师和声部，即有效地避免了"串调"的现象，又有老师在孩子身边可以随时照顾到上场的突发状况。在排演中，我不断用自己夸张的表情和动作提示孩子们，胳膊酸痛、嗓子也哑了，但还是与其他老师还有可爱的孩子们一直在努力地练习。演出那天，我们的合唱被安排在了第一个节目。大幕拉开，舞台上绚丽的灯光照射着60张灿烂的笑脸，60双闪动的眼睛齐刷刷地看着我，那一瞬间，我被孩子们感动了。我悄悄地伸出了一个大拇指放在胸前，并把"好孩子，你们就是我的骄傲！"这句内心独白通过眼睛送达给了每一位孩子。我轻轻抬起双手，孩子们将藏在背后的鲜花捧在了胸前，台下立刻响起了热烈的掌声。随着缓缓的前奏响起，"鲜花曾告诉我，你怎样走过……"孩子们那稚嫩的歌声流淌进台下每一位观众的心里，更给了我莫大的幸福感！

多年后每次提起这次演出都是幸福感爆棚，那一刻是我感觉作为一名幼儿教师最感动、最骄傲也是永远难忘的一刻！此后，我还培训过幼儿园节庆活动中的小主持人、组织幼儿进行戏剧表演等。很多人说："孩子那么小，他会什么？他懂什么？"但是，幼儿教师就是通过自己的不懈努力，让这些孩子学会了也懂了。幼儿园给教师一个展示自我的舞台，更帮助教师收获了幸福，在平凡的岗位上实现自我价值。

"落红不是无情物，化作春泥更护花。"教师们作为幼儿教育园地里的一块春泥，为了培养祖国的未来默默奉献着自己的一切。没有最好，只有更好，现在还依然"不忘初心、牢记使命"，辛勤地耕耘在幼教的岗位上，履行着教育工作者的职责，她们把自己的青春和经历全部献给了幼儿园和孩子！因为她们深深地热爱着幼儿教师这一光荣的职业，为拥有这份平凡却有创意的事业而感到骄傲和自豪！

——李　谦

心存感恩 与爱同行

——献给那些骨干力量

　　幼儿园在不断地发展和进步，教师队伍也在日益壮大，90年代中期，幼儿园来了一批生机勃勃、富有朝气的年轻老师。一转眼，这一批老师在岗位兢兢业业地坚守了近20载，每看到"幼儿园老师"这几个字还是满心激动，好像还是那个刚刚踏入工作岗位的女孩。回忆像是树荫里透出的阳光，星星点点，洒落心间。孩子们一次一次地远走高飞，而老师却是一次又一次地原路返回。

　　2000年后，幼儿园各项活动都很规范了，当时的毕业典礼也是隆重且精彩的。在毕业典礼的前一日会举办一系列的活动，其中有一项寄宿生活让老师印象深刻，寄宿生活前是热闹的"篝火晚会"，老师和孩子们一起尽情地徜徉着，享受着和他们在一起的美好时光。欢愉过后终于迎来了孩子们期待已久的寄宿生活，这时孩子们已经激动到恨不得马上就在卧室的地铺打滚睡觉。那时的幼儿园卧室还没有现在的双层床，只是一个大大的榻榻米地台，孩子每次午睡都是老师将孩子的被褥一套一套地铺在地台上再让幼儿进入卧室睡觉。而教师的担心却远远大于激动，老师都有点害怕更何况是一群孩子。刚想到这里，问题就出现了，有的孩子兴奋过后开始哭着找妈妈，有的孩子想要回家，这个场面对两个20岁的小老师来说是从来没见过的，她们一下子慌了起来。慌乱过后，不停地告诉自己："要淡定。"紧接着分好工一人负责安抚有情绪的孩子，一人带其他小朋友进行洗漱入睡。在不停地鼓励和安抚之下，慢慢地，整个卧室终于逐渐地安静了下来，老师们用已经沙哑的声音轮流给孩子们讲晚安故事……此时已经接近11点。看着已经入夜的夜色和慢慢入睡的孩子们，听着寂静的周围，年轻的老师们也渐渐害怕起来，毕竟这是第一次离家外宿。害怕了就轻声哼几句歌，聊几句天，或者相视一笑。随后疲惫和困意逐渐袭来，轮流巡视，给孩子盖被子，累了就靠墙坐一会儿，谁也不敢睡，毕竟肩上的责任重大。就这样12点，1点，2点……慢慢地，老师们看到了窗外的天空渐渐泛白，听到了清晨小鸟的啼鸣。虽然一整夜都没合眼，但还是开心地笑了，因为大家知道这一夜过后可以将孩子们健康、安全地送回家长手中，家长们对幼儿园的工作也会更加信任。第二天一早，老师和孩子们一起洗漱整理，完美地，为他们举行了毕业典礼，顺利地，将他们送入了小学。

可能是这些夜宿的经历给了老师们勇气，幼儿园遇到省级示范复查、上"十佳园"等重大活动时，都主动加班加点，在幼儿园制作玩教具、做班级环创。这些工作费时费力，经常一晚上做不好一件玩具，动不动就干到了后半夜。后来每当加班到很晚的时候也会在幼儿园"夜宿"，慢慢发现幼儿园真的就是我们的第二个家。这些有孩子的老师，则无论多晚都要回家看一下，于是摸黑在路边打出租车就成了每晚必做的功课。那时候没有网约车，私家车未普及，后半夜路上的出租车也不多，遇到秋冬季节更是很难打到。多少次站在路边空着肚子，瑟瑟发抖地望着路的两端，期盼远处能出现出租车顶那盏小黄灯。

随着幼教改革的发展步伐，在不断发展的21世纪，我们的幼儿园也经历着岁月的洗礼。幼儿园经过了一轮又一轮的改造，硬件日趋完善，校舍不断翻新，成就了现在美如花园的校园。春天里，和孩子们一起在樱花树、玉兰树下写生；夏天里，我们徜徉在花的海洋中，月季、蔷薇……秋天里，我们一起感受小菜园中小麦、辣椒等果实丰收的喜悦；

冬天里，我们手捧雪花，在宛如童话世界的园子里堆雪人、打雪仗……活泼可爱、天真无邪的孩子们用纯真的心深深地感动着我们、感染着我们。每年的大班毕业典礼上，孩子们都会伤心流涕，诉说着我们在一起的点点滴滴，讲述着即将离别的种种不舍。我们无法用语言来诠释"幸福"的真谛，但我们觉得和孩子们在一起的每一天，拥有孩子们真诚的爱，就是幸福。

触动心灵　助力成长

——一届届轮回的班主任

日复一日、年复一年，幼儿园一代又一代的班主任都在砥砺前行，现在的班主任队伍继承了老教师的优良品质，同时也具有年轻教师的激情和活力，30年来的风雨同舟、携手共进、收获精彩的点点滴滴，叙说着每一个令人感动的故事，每时每刻激励着每一个班主任不断奋发努力！

现代化通信工具的发展为我们的生活带来了很多的方便，可以将我们每天开展的活动、幼儿的表现第一时间与家长进行交流，为教学工作带来了便捷，也拉近了与家长的关系。

十几年前的家长工作较现在来说就复杂多了，2000年以后的班主任除了带好班级幼儿，做好家长工作是班主任的第一课堂，那时候家长每天进幼儿园接送孩子，面对面的沟通次数会很多，但每日活动的内容不可能一遍一遍地与每个家长解释，班主任们就利用写黑板通知的形式，每天下午都会给家长写通知，让家长了解一日活动的事项以及第二天的准备。有时候活动多了会密密麻麻地写一黑板，这也考验家长的记忆力，时间长了家长知道规律会自带本子和笔来接孩子。每天下午来到班级不是第一时间接孩子，而是先抄通知，经常会看见每班门口的黑板围着一圈家长"抄作业"。开展主题活动不久，老师也在不断地学习摸索中，在书写通知的时候，为了体现幼儿园课程及老师的文化水准，每日通知都会精心地措辞并认真书写，有时候会将与时俱进的理论词语体现在通知内，比如早期阅读、主题网络图、幼儿表征等词语，但家长不明白具体的含义，在记录的过程中就会来询问老师,"老师,什么是表征……"这真是又给我出了个难题,只能再一一的给家长解释什么意思。那时候家长的信息量、育儿的方法、幼儿园课程知道的确实比较闭塞,而且主题活动的开展是离不开家长配合的,在那个信息比较匮乏的年代,搜集资料就比较被动,家长配合非常的少,都是依靠黑板传递和口头诉说进行的。所以班主任教师在培养幼儿的同时,也在一步步地给家长进行培训,现在班级工作的每日微信反馈已经是幼儿园经典的文化传承,这就是从当年小黑板的传递开始的,现在经常在怀念旧日的时光,如园长阅读每班小黑板是否通顺,字迹是否工整、家长从开始的漠不关心到后来的认真记录……都给我们带来了难忘的回忆和快乐的经典。班主任们也在这每日琐碎的工作中不断得到磨炼和提升!

班主任工作并非会一帆风顺,年轻老师工作四五年后一般不到30岁就会担任班主任工作,有的甚至二十出头就担任班主任工作了。第一次做班主任更多的是紧张,害怕新生家长会的到来。会不会忘词?会不会紧张?会不会语无伦次……把每一句话都写成口语化的形式,方便自己口述。整整十多页内容,每天背几段……待熟悉之后,每天甚至要几个小时对着镜子讲,整整一个暑假都在准备着,像是要经过一次考试,第一次新生家长会是班主任生涯的突破。之后的每一次家长会、同乐会、公开课等都会像那一次一样用心准备,不断告诉自己,只要用心就有收获。

班主任工作事无巨细,有时候也会遇到很大挑战!这种挑战来自与家长的沟通和教育理念的碰撞上,幼儿园不仅要把教育理念转化为家长的配合行动上,还要让孩子不断获得发展,使家园形成合力,这无疑对年轻的班主任是一种挑战!年轻时的精力、时间感觉是无限的,不怕失败、勇于承担。面对家长的态度认为只要是为了孩子好,做自己认为对的事情,与家长进行沟通,试图"以理服人",满意的家长不计其数,但也会遇到误解自己的家长,甚至也有因为各种琐碎的事情无理取闹的家长,每当遇到这种情况就会一度动摇从事这项事业的信念!最后经过挣扎都会用教师的职业道德素养力求做一个公平的老师，平等地对待每一个可爱、单纯、善良的孩子，这就是我们幼教人的信仰。

班主任往往一带就是三年，工作有辛酸、有烦恼、有紧张，有轻松、有快乐、有幸福。但是随着班主任工作带来的压力，也让班主任一步步成长起来，能勇敢地、轻松地面对工作中的很多事情。小班刚入园会以最快的速度记住孩子的名字、认识家长，不仅要耐心安抚因分离焦虑哭闹的幼儿，还要每时每刻关注孩子们的行为表现，将孩子们的反应第一时间反馈给家长，不管多晚都会回复家长的信息，帮助家长解决问题、给予建议，为的是让每位家长放心把孩子交给我们。渐渐地，孩子们一天天地适应和成长，升入了中班，孩子们的自信心、人际交往、自理能力、思维意识都已逐渐发展。这时候，又换了新的教室，根据孩子们的年龄特点，根据课程内容布置新环境，具有自己班的班本特色，孩子们对班主任老师逐渐产生了依赖和信任感；日复一日，年复一年，陪着孩子走到了大班，孩子们从慢慢地喜欢上了幼儿园，到后来深深地爱上了幼儿园，爱上了这个家。到了大班，每周一升国旗仪式，孩子们自信、大方地展示在全园小朋友和师生面前。大班毕业时孩子们再次踏上红毯，离园歌再次回响，三年的足迹再次在幻灯片中播放，带着依依不舍的心情与这一届的孩子和家长画上圆满的句号。就这样一届届的孩子们在班主任的爱心呵护中逐渐地成长，当他们踏上新的征程后，新的一轮、新的小班又承接起来，班主任再次担负起3~6岁培养教育的重任。

困难从来都是更大胜利的前奏，挑战更是坚强队伍的磨刀石。班主任就是在极端困难和挑战情况下，英勇奋斗、承上启下，成就着自己和促进幼儿园不断发展。2011年下学期，争创青岛市十佳幼儿园就是一个典型的例子。记得那时候，有班主任老师的孩子病了只能嘱咐家里的老人帮忙好好照顾孩子，狠狠心挂掉电话继续工作，有的身怀六甲即将生孩子，叫来了老公帮忙……每个人都经历了责任、压力和心理承受能力的挑战，风雨过后最美的彩虹呈现在面前，那一年幼儿园终于评上了"青岛市十佳幼儿园"，班主任们功不可没！

三明路幼儿园一代代的班主任传承优秀师德师风，任劳任怨，起到传、帮、带的作用，起到了桥梁和纽带的作用，锻造出了一支优秀的幼教队伍。风雨三十载，班主任们也都逐渐成家有了自己的孩子，是老师也是妈妈，站位的双重性，在与家长交流、相处的过程中，更能从家长的角度去理解家长的感受。在带班的过程中，一直秉承公平的原则，对待孩子就像对待自己的孩子一样，遇事三思而后行，将每件事都做到全面和到位，用爱岗敬业、无私奉献的专业精神培育了一批又一批幼苗茁壮成长。我们相信，三明路幼儿园的未来会更加美好！

幸福其实很简单

——那些年我们一起留下的足迹

学前教育从未像今天这样备受重视，来自社会、家长、职业自身的压力，让教师们每天像陀螺一样旋转，稍不留神，就会旋出麻烦，教师们时常怀疑自己追寻的是不是自己需要的，时间久了难免越发焦虑烦躁。教育的真谛到底是什么？——应该是让孩子获得人生的幸福！教育的终极就是要让幸福伴随孩子一生，用积极、乐观的人生态度，追求人生的幸福。没有人能将自己没有的东西给别人，只有幸福的教师才能教出幸福的学生。所以，我们开启了幸福教师之路：世界太大，别人的路是参考，却并非标准，必须找到属于自己的，要学会捂上耳朵，不去听身边熙熙攘攘的声音，只听自己的心声……

游戏健身——拔河、踢毽子、打马尾、贴膏药、老鹰捉小鸡以及去海边木栈道、北山公园、浮山健步行，这些都是我们中午午休时的健身项目，酣畅淋漓地笑耍，心情舒畅。

看山听海——北九水、鹤山、大泽山、灵山岛、大珠山，我们的足迹遍布青岛周边临海的小山小岛，或登山探险，或赶海垂钓，或欣赏满山杜鹃，或坐在葡萄架下品尝甜蜜，远离尘世车水马龙的喧嚣，踏过每一寸梦寐以求的土地，吮吸每一缕淡雅恬静的气息，安享每一寸时光带来的静谧。

游览名胜——琅琊台、杭州西湖、扬州瘦西湖、镇江金山寺、乌镇、海宁，周末下班，坐上大巴车，夕发朝至，领略江南水乡的婉约，欣赏

"天下二分明月夜"，流连于琳琅满目的皮革城，品尝糖醋鱼、蛋炒饭、锅盖面。一路上的欢声笑语是我们抛开工作烦恼的尽情宣泄，连司机师傅都颇受感染，对我们印象深刻，以至于几年之后的一次偶遇，还记得这一群欢乐的幼儿教师。待到周一凌晨返回，稍事休息，便精神饱满地和孩子们一起参加升国旗仪式，开启新的一周。周末的省际出行，不但消除了一周的工作压力，还让我们尽享"心有多大，舞台就有多大"所带来的期待。

沐浴温泉——偶尔，我们也会放纵一下，把自己泡进温泉，玫瑰、红酒、牛奶、药浴、沙浴、鱼疗浴，再敷上一贴面膜，这一刻，洗去一身的疲惫和烦恼，洗去"女汉子"的外表，还我真正的女儿身，岁月静好，韶华流逝，静观内心，自己就是一个世界。

走出国门——宝岛台湾和邻邦韩国是我们去的最远的地方，也是最让我们震撼的地方，读万卷书，行万里路，亲眼看到，亲身感受，才会真正了解地域文化的差异。短短五天，管中窥豹，同源的文明因历史的印迹而千差万别，让我们感触良多，胸中蓦然充满了爱国主义激情。

拓展训练——在青岛行政学院的拓展训练场地，抬眼望向"断桥""空中抓杠""缅甸桥"等高空项目，我们的心霎时提到了嗓子眼，"我能战胜自己，顺利完成每一个项目吗？"同样的问题摆在每个人面前。大家互相鼓励、互相帮助，为了让其他队员更顺利地完成任务，我们互相传递经验；"团结协作，勇往直前"的团队精神在这里充分体现，大家的感情在这一刻是如此真诚和深厚。拓展训练，大家都经历了基本相同的心路历程：由最初想象中的恐惧，到任务的完成，原来战胜自己只需要不到一秒的时间；原来自己的潜力到底有多大自己也不知道；原来在困难面前，身边的人是如此真诚的关注、帮助自己；原来幸福就在自己的身边。

用心感悟——幸福来自我们面对生活的态度，幼儿教师的职业生涯不是感叹蜡炬成灰的悲壮，而是要和孩子一起成长。我们聘请王冠军、李克富、松梅、高睿等岛城知名的心理咨询师为教师进行专题心理辅导，通过轻松愉快的游戏、参与案例分析、学习传统文化、初涉心理学知识、分组讨论交流等不同的形式，在心理老师的带领下放慢脚步，学会管理情绪、感受当下，逐渐懂得生命的历程无须导演，亦不必事先排练，自我心灵的感应是内心世界最棒的指挥大师。

无须向谁表白，无须谁来喝彩，我们饮着幼儿园这杯自酿的酒，带着些微微的醉意，在幼儿园这片热土上耕耘、收获着，一路走来不浮不躁，不争不抢，不是不追求，只是世间万物必定徘徊于舍与得之间，不要轰轰烈烈，只求安安心心。

大道至简。幸福，就是这么简单。

爱心传递

方寸之间　自有天地

——记载我们的10年园报

2006年12月30日，青岛市卫生局幼儿园《幼儿园园报》（以下简称《园报》）创刊。她诞生于幼儿园第四个"五年规划"的开局之年，开青岛市幼儿园文化建设和社会宣传之先河。两开四版，图文并茂，装进信封，通过邮局，寄给同行的单位；在家长开放日送到每一位家长手中，向全园师生和家长、向社会打开了一扇美丽的窗户。

办园报，是王秀云园长在原市卫生局办公室看到了市立医院、急救中心、卫校、血站等单位寄发的报纸，深受启发，萌发了幼儿园办报纸的想法。园报由王园长亲自把关，办公室负责整理素材，联系印刷业务。从构思到定调，从内容到图片，从排版到校稿，短短一周时间，第一期园报在2006年收官之时完美呈现在大家面前。从此，园报承载着爱与责任，每学期一期，真实地记录着幼儿园的发展，整整12年，25期。

园报的定位就是让家长、社会真正了解我们的幼儿园，了解孩子们在幼儿园的日常，了解幼儿教师的工作，所以我们的园报没有哗众取宠的喧闹，没有故弄玄虚的张扬，没有华丽精致的装帧，我们只用镜头为孩子们书写金色的童年，用油墨记载老师们灵感与童趣的思绪。每一期的园报都分为文化建设、儿童乐园、教师成长、家园社区四大版块，回顾一学期幼儿园工作的点点滴滴。早操比赛、文艺演出、毕业典礼、赶海爬山、技能比武、考核迎检、家园同乐……我们感动于园报中的每一个记忆的瞬间，让我们学会了在回忆中不断成长，在回忆中懂得珍惜，在回忆中看清自我，在回忆中展望未来。

每学期的最后一周和假期的第一周，是幼儿园办公室最忙乱的日子。这期间，园报如期定稿印刷后，就要打印收件人和地址，裁剪粘贴在每一个信封上；把每一份报纸比照信封大小按信笺样折叠，装进信封；最后将这些报纸送到附近的邮局，统一邮寄。因为印刷品邮寄需要检验样品，就赠送了一份给邮局的工作人员，开始时邮局的工作人员都惊讶一个小小的幼儿园也能办报纸，后来再去邮寄，都说幼儿园的报纸办得有意思，争着多要几份带回去给家人看。曾经在幼儿园主持工作2年的青岛市妇儿医院宣传科迟秀勤主任说，看到园报就如同又回到了幼儿园，每一份园报她都细心收藏，25期一期不落。上级主管部门领导和其他兄弟单位也通过园报对幼儿园有了进一步的了解，可以说，园报在争取上级支持、领导关怀、促进幼儿园发展中起到了推波助澜的作用。

随着网络信息平台的广泛应用，园报每学期一期的步伐已经跟不上发展的节奏，微信推广信息发布的时效性优势逐渐取代了报纸。2018年1月，第24期园报邮寄出去后，伴随着幼儿园由青岛市卫计委整建制划转市南区政府，园报正式停刊。

杨绛先生在《100岁感言》中说："我们曾如此渴望命运的波澜，到最后才发现，人生最曼妙的风景，竟是内心的淡定与从容……我们曾如此期盼外界的认可，到最后才知道，世界是自己的，与他人毫无关系！"如此，园报陪伴着我们，从曲折、坎坷、收获、成功中一路走来，方寸之间，自有天地！

附：《园报》刊首语摘编。

第1期　发刊词

青岛市卫生局幼儿园园刊与大家见面了。她诞生于幼儿园第四个五年规划的开局之年，承载着面向全园师生和家长、面向社会，展示幼儿园园本文化的重要使命；预示着幼儿园蓬勃发展的光辉前景。

青岛市卫生局幼儿园自1990年建园以来，走过了16年的风雨历程，经过了三个五年的发展阶段。1990—1995年是卫生局幼儿园的初创阶段，跨入了省级示范幼儿园的行列，为幼儿园的发展奠定了良好的基础，1996—2000年是幼儿园艰难而曲折的发展阶段，在市场经济的冲击下，幼儿园面临种种危机，开始了自力更生的创业路；2001—2005年是幼儿园发展壮大的阶段，在这五年里，幼儿园完善了各项设施设备，建章立制规范了管理，走科研发展之路，抓内涵建设，勤练内功，取得了辉煌的成绩。幼儿园全体职工在这片土地上播种太阳，挥洒青春，拨动心灵的琴弦，演奏着美妙的共鸣。

朋友们，读着下面这些介绍我园的滚烫文字，你会像在一首激昂的交响乐中飞翔，你会和我们一起感受着、感染者、感动着。是的，幼儿园在市卫生局领导的悉心关怀下，在市区托幼办的帮助指导下，在社会各界的真诚关注下，在全园领导职工的合力打造下，正在趋于品牌化，日益走向成熟与辉煌，以管理卓著、成绩优异蜚声社区。

园丁勤耕耘，桃李竞芬芳。成绩代表过去，未来更须努力。卫生局幼儿园园刊作为幼儿园的传声筒，将尽情展现幼儿园的特殊风貌。愿我们的园刊犹如一部美丽的经典，让读者们感受春天的爱慕、夏天的淳朴、秋天的成熟、冬天的祝福。

第4期　刊首语

2008年的夏天，因为种种原因，来得匆匆忙忙，弥散着各种感伤、赞叹，带给我们忧伤的回忆，欣喜的期盼。

"5.12"——我们永远忘不了的伤痛！当地震的消息传来，我们都不相信自己的眼睛和耳朵，但它还是发生了。"再大的灾难除以13亿，都会变得微不足道；再小的爱心乘以13亿，都将汇成爱的海洋。"随着时间的流逝，撕心裂肺、牵肠挂肚的震撼与牵挂逐渐趋于冷静，机械的轰鸣渐渐沉寂，赞歌重新响起，只要我们齐心协力，就一定能为灾区人民重建美好的家园。

"宝剑锋从磨砺出，梅花香自苦寒来"，灾难只会让中华民族的脊梁更加坚挺。2008年8月8日，这个普天同庆的盛大节日，像一条满载团结友谊的彩船，从历史的长河中一桨一桨地划过，离我们越来越近！我们实在按捺不住心中的那份感动，思绪如潮水般汹涌、激荡。

看看我们的幼儿园吧，看看我们的老师和孩子们吧，尽管没有丰厚的报酬，我们却用爱心描绘了绚丽多姿的青春世界；尽管没有资深的阅历，我们却用纤细的双手记载了孩子们丰富多彩的童年生活。青春的歌谣随口哼唱，美丽的梦想随身携带，《园报》记录了幼儿园与老师、孩子共同成长的过程；见证了师生们为灾区人民祈福的一片爱心和期盼奥运圆满成功的爱国情结。

我们坚信，四川的明天会更美好，祖国的明天会更美好，幼儿园的明天会更美好，因为我们呵护的是一个个灵动的生命，我们希望并努力着。

第9期　刊首语

如火的七月，又一个充满诗意的夏天在我们传道授业解惑的艰苦努力中悄然来到我们身边。《园报》载着我们纯真的梦，不经意间，留下了自己的足印，这是一个舞台，展现卫生局幼儿园五彩缤纷的生活；这是一个窗口，透视卫生局幼儿园朝气蓬勃的风貌。无须向谁表白，无须谁来喝彩，我们饮着幼儿园这杯自酿的酒，带着些微的醉意，在幼儿园这片热土上耕耘、收获着，一如既往，走着自己的路。

早教指导中心的成立，承载着我们探索的脚步；六一亲子运动会的成功举办，呈现出家园关系的健康和谐；体验式拓展训练，彰显了团结进取、积极向上的团队精神；学《论语》谈感悟，营造了潜心学习的文化氛围……

又一届大班孩子成为小学生，希望，正从脚下向远方徐徐延伸。有梦想，才会有追求，有追求，就一定有收获。我们积极学习、主动探究、不断交流、认真分析、研究总结，为了更加美好的未来为之努力着、奋斗着、前进着。我们坚信：在山穷水尽处，就是柳暗花明时。

星对着星，永远是沉默；心对着心，无言亦是寄语。让我们心手相牵，在同一片沃土中一起收获诱人的果实；让我们一路同行，在同一方蓝天下共同呵护纯真的童心。

青青子衿，悠悠我心。

第10期 刊首语

不知何时，被冬追逐的秋精灵开始挥舞金色的舞裙，娇羞的叶片在空中翩翩起舞，轻柔成一串串文字，伴随着冬日的暖阳，舞进我们的心田。《园报》是一圃完全属于我们自己的青春芳草地，它平凡而朴实，无须粉饰，无须装扮，几分清新，几分自然。《园报》是崭露尖尖角的小荷，她亭亭绽放，弥散着泥土的芬芳，默默地透出一种平实的美，飞扬着激越的青春，摇曳着智慧的闪光。

古代的《论语》，现代的《活法》，学习让我们懂得青春不是年华，而是心境；青春不是桃面、丹唇、柔膝，而是深沉的意志，恢宏的想象、炽热的感情，生命的深泉涌流。

孩子的发展，家长的满意，工作让我们感悟平凡不是平庸，时空有限，我们的努力无限，点点滴滴都是岁月年轮的镌刻，是生命历程的歌唱。

用心梳理昨天，会感到一路走来很充实，很幸福；精心谋划明天，会知道今天的努力正是为了明天的另一番美好！让我们把辉煌储存在昨天的文档中，把祝福备份在今天的硬盘上，把希望写在明天的记事本里，用心灵与孩子交融，用热情与家长交流，用心血成就我们平凡的事业。

第11期　刊首语

一方厚土，一片天空，一处乐园，一个舞台

一个清晨一样鲜亮的希望

一双很大很大充满渴望的眼睛

一粒种子和一个发芽的梦

一腔热情，一颗爱心，一篷春雨，一缕春风

一条滋润心田的小溪

一架厚重巍峨的山岭

一个微笑和一道包含鼓励的目光

我们坚信

每一棵小草都会开花

每一只小鸟都会飞翔

每一个生命都会绽放绽放出夺目的光芒

小天地，大理想；低起点，高追求。悉心品读《园报》，赏园内无限风光。掬一捧清凉，盈一袖浓香，流淌在心底的便是一眼澄澈的清泉，恍若韶华依旧，纯真还在，不由怦然心动：童年真好！

第12期　刊首语

时间，如流沙般从我们的眼前消逝，不会因为我们的喜怒哀乐而停下匀速行驶的脚步。那就让我们回忆吧，把那些值得回忆的日子作为永远的纪念，定格在我们心中。

2011年2月3日，大年初一，窗外此起彼伏的鞭炮声传递着过年的热闹和兴奋，园长独自一人静坐在办公室，一年的工作计划在脑海中逐渐现出清晰的脉络。此刻，一粒希望的种子埋在安静的幼儿园，2011，必将是不平凡的一年。

2011年2月11日，正月初九，大家还沉浸在走亲串友的年味中，全体行政人员围坐在园长室，讨论2011年的工作任务和责任分工。此刻，希望的种子萌发出嫩绿的新芽，2011，必将是蓬勃发展的一年。

2011年3月8日，为庆祝第101个三八国际妇女节，幼儿园举行了"创先争优"演讲比赛，9位老师代表各部门参加了比赛，从职业操守、岗位职责、自身发展、乐于奉献等各方面，展示了我们自立自强、自尊自重的良好素质，表明了我们立足本职、创先争优、开拓新局面的信心和决心。此刻，那一抹新绿在阳光下茁壮成长，2011，必将是奋斗的一年。

2011年4月7日，根据市卫生局《编外合同制职工薪酬指导意见》，幼儿园与编外合同制职工协商工资待遇，在充分论证、协商、征求意见的基础上，出台了幼儿园编外合同制职工薪酬有关规定，实现了同工同酬，落实了教师待遇，在幼儿园的大家庭中已经没有了因身份不同造成的待遇不同。此刻，我们是荣辱与共的一家人，2011，必将是团结奋进的一年。

2011年7月11日，大班毕业典礼，我们大胆尝试，通过项目管理，举全园之力，呈献给家长和孩子们一场美轮美奂、真挚感人的毕业典礼，现场的每一个环节都凝聚着我们的心血。当家长带着孩子感动地说："谢谢老师""老师辛苦了"时，此刻，我们自豪之余分明感到肩头的担子沉甸甸的，2011，必将是开拓创新的一年。

2011年8月7日，一场突如其来的火灾让我们领略了水火无情。残酷的现实考验着我们的意志。在园领导的带领下，我们紧张有序地开始了灾后重建。有病的忘却了病痛，休假的放弃了休息。清理现场、装修教室、增添教具、全园电路改造。没有空调、没有开水，在闷热的桑拿天里衣服一天不知湿透几回。老师们带好孩子，做好家长工作，不敢有丝毫懈怠，行政人员监督工程、联系业务，保证工作正常运转，同样不敢掉以轻心。我们团结一心，通力合作，终于在9月1日全部工作就绪，顺利迎接新学期的第一天。此刻，我们的团队已经形成雁阵，在头雁的带领下，冲破重重困难，向着目标飞翔。2011，必将是不畏艰险的一年。

2011年9月15日，市南区托幼办来我园期初视导，重点督促十佳园的准备情况。由于暑期的火灾导致突然增加的基建项目刚刚结束，日常工作没有完全步入正轨，出现了许多漏洞。托幼办主任严肃地提出了多项问题，并明确指出我们目前的状况争创十佳园希望不大。严峻的形势没有让我们一蹶不振，反而激发了我们昂扬的斗志。时间就是命令，"十佳"就是目标。短短一个月的时间，区角材料、环境创设、课程调整、资料整理、成果展示、伙食管理，各项工作抠细节、重精美，工作量之大让我们恨不能一天当两天用，压力之大让我们连做梦都是工作的场景。顾不得病重的爱人躺在床上的望眼欲穿，顾不得年幼的孩子在家里发烧哭闹，顾不得亲人在医院里手术需要照顾，更顾不得自己身怀六甲需要充足的休息。此刻，我们的奉献精神相互感动、相互感染，那粒希望的种子现在已枝繁叶茂，2011，必将是硕果累累的一年。

2011年10月12日，我们迎来了市十佳幼儿园检查组，当我们以亮丽的身影、积极向上的风貌、精益求精的环境创设、凸显特色的园本课程、汇集成册的成果展示、民主和谐的管理氛围呈现给检查组时，博得了一片喝彩声。此刻，希望的种子结出了丰硕的果实，2011，必将是成功的一年。

2011年12月7日，市卫生局目标绩效考核组一行7人在薄局长和杨处长的带领下来到幼儿园，在视察了幼儿园的整体工作后，杨处长由衷地对园长说："你们是在实实在在地做事情"。后来再次来幼儿园的市卫生局副局长鲍国春也曾感慨地说："风景这边独好！"领导的话让我们感动，更让我们骄傲。2011年12月22日，卫生局党委办公会研究通过，青岛市卫生局幼儿园2011年度目标绩效考核优秀。22年了，这个优秀的含金量有多高、来得多么不容易，只有我们自己能够体会。

风雨送春归，飞雪迎春到。已是悬崖百丈冰，犹有花枝俏。俏也不争春，只把春来报。待到山花烂漫时，她在丛中笑。我们就是悬崖峭壁上的那支梅花，风雪越猛烈，我们盛开得越娇艳。

2011年12月31日，岁末，回首一年来走过的每一步，都留下我们每个人踏踏实实的脚印。"阳光总在风雨后"，就在今天，让我们每个人心中的阳光照亮你我她，照亮幼儿园。2011，我们与幼儿园共成长。

第15期　刊首语

2013年3月17日，新任国家主席习近平为13亿国人再次描绘了"中国梦"：实现中华民族伟大复兴的中国梦，就是要实现国家富强，民族振兴，人民幸福。作为幼教人，我们深知"十年树木，百年树人"的育人真知，深知"中国梦"的实现与我们的责任紧密相连。为了让孩子们沐浴着和谐的教育阳光，吮吸着爱心责任的雨露，我们学会了在思考中品位生活，在奋斗中砥砺意志，在沟通中留下真诚，在交流中启迪智慧，在平凡的工作岗位上集纳智慧，释放激情，将一棵棵幼苗抚育成参天大树。

不是有首歌叫作《一路上有你》吗？我们的《园报》伴随我们，一路走来，一路花开，偶有雨点溅落，不怕，我们拥有青春情怀。一路走来，不能忘怀的人很多，不能忘记的事不少，让人心动的美景撷手可取，不要忘了，记下它们。一路走来，我们在书香中徜徉，我们在情感中回味，我们的思想在瞬间感悟升腾。伟大的中国梦让我们的青春梦想又一次冉冉升起，那份激情，那份热情，那份责任，让我们的每一天都过得紧张、充实，每个学期都有沉甸甸的收获。

有一种信念，叫作精卫填海；有一种执着，叫作愚公移山；有一种毅力，叫作夸父逐日；有一种勇气，叫作破釜沉舟。"等闲识得东风面，万紫千红总是春"。正是这样的坚守，让我们心中的春天更加明媚，阳光更加灿烂。

正所谓：春布德泽，万物生辉；夏犹清和，芳草未歇；意气峥嵘，薪火相传；雪映千里，冰心可鉴。

第18期　刊首语

大梦谁先觉，平生我自知。这是诸葛亮在出山前的自问自答。倘若我们问："梦有多大力？"不知卧龙先生会如何作答，但是青岛市卫生局幼儿园的全体教职工可以回答：梦想的力量可以超越地球引力。为了心中的那份梦想，25年来，我们和幼儿园一起成长。这里是我们梦的家园，我们把希望的种子埋下，守候着一片葱茏的麦田。我们在这个梦的家园里相濡以沫，在人生的历程中此将彼扶，在喧哗与躁动的岁月，坚守属于我们的心灵净土，回眸过去，艰难困苦，玉汝于成，我们为自己的坚忍执着而自豪。

岁月离开童年越远，心灵距离童年越近，伴随着这个过程不断修炼——热爱阅读、尝试微笑、学会欣赏，永不言败。

阅读使我们睿智而豁达，激奋而坚定，渊博而内敛，"腹有诗书气自华"，阅读让我们拥有更加丰富的教学智慧、更加精彩的教学语言，成为孩子们成长的伙伴、成才的导师。

微笑体现了我们自信的魅力，透露着我们坚强的意志，表明了我们包容的心态，流露出我们善良的本性……微笑使孩子们树立信心；微笑使家长释怀心事，和老师结成朋友；微笑使同事眉头舒展，再将笑脸传递更多的人。

欣赏平淡的生活，我们享受一份恬静自在；欣赏繁重的工作，我们享受一份充实丰盈；欣赏各种各样的孩子，发现孩子的潜质，成为孩子生命的贵人。学会欣赏，我们感受多姿多彩的人生，学会欣赏，我们将拥有虚怀若谷的胸襟、海纳百川的气量、远见卓识的眼力。

永不言弃。这四个字有着丰富的内涵：坚定的信念、必胜的信心，百折不挠的精神、不怕挫折、不辞辛苦……朝着既定的目标不懈进取。"永不言弃"是过程，也是结果！青岛市十佳幼儿园、青岛市文明单位、青岛市学前教育先进集体等一系列的荣誉获得，正是永不言弃的结果，而今我们正在向更高的目标——山东省十佳幼儿园迈近。

"苟日新，又日新，日日新。"2015，携着新春的勃勃生机，踏着轻盈的脚步向我们迎面走来，点燃了我们新的期盼和梦想！"梦有多大力？"追梦的人，我们懂得！

第19期　刊首语

25年，在岁月的长河中只是沧海一粟，但是对幼儿园来说，那是九千多个难忘的日日夜夜，每一天都记录着我们的欢笑、汗水和泪水，刻录着我们的幸福、苦恼和迷茫。行走在五彩斑斓的童心世界中，我们是幸福的；徜徉在启迪童心的教育道路上，我们是快乐的；映射在孩子们纯真可爱的笑容里，我们是满足的。我们愿意用温暖的目光关注孩子们的需求，我们愿意用满载的爱意呵护孩子们的成长，我们愿意用责任的臂膀为孩子们的远行保驾护航。

岁月的山峦积淀着沧桑，生命的泉水涤荡着澄澈，心灵的花草弥散着芳香。时光静寂，岁月轻柔，拈一颗素心，看流年的风轻轻吹过，我们始终相信，时光可以带走最美的年华，岁月可以刻画老去的颜容，但那些过往中的莹亮，那些光阴浸染的情怀，终是停留在记忆深处，明媚了岁月，芬芳了生命。只要心存美好，岁月便可不老，只要心中有风景，何处不是花香满径，其实我们所期待的幸福，一直在路上。

回首辉煌的过去，我们无比自豪；展望美好的未来，我们充满信心。全体教职工一定会以25年收获的硕果为契机，内外兼修，全面提升幼儿园的保教质量，以高昂的士气和忘我的热情，切实把幼儿园打造成幼儿喜爱、家长放心、领导满意、教职工倾心的一流幼儿园，用我们的行动和成绩回馈关心幼儿园的社会各界。

第20期　刊首语

日月如梭。仿佛不经意之间，2015年就走到了与我们告别的转角。回首走过的这一年，又一段美好的时光，氤氲了我们温馨的回忆。我们不禁要从心底里为这丰富多彩的一年喝彩。

中国人讲究因果，种善因得善果。一粒种子埋进土里，如果没有水分、养分和阳光照耀的"因"，未必能够开花结果。同理，以老师为主，那么老师就是因，学生就是果；相反的以学生为主，那么学生就是因，老师就是果。作为一名教师，我们愿与生命中每一个孩子分享成长的痛楚和快乐。

教育不是万能的，但没有教育是万万不能的，其实每一位老师都有这样一个心结，为什么热忱的教育会有那么多痛楚和不可理喻。但是，在痛楚中成长，多么有意义。美国教育家桃乐斯诺特在《人这样成长》中写道：一个孩子在充满批评挑剔的环境下成长，他学会了谴责他人；一个孩子在充满恐惧的环境下成长，他学会了忧虑害怕；一个孩子在充满了宽容的环境下成长，他学会了有耐心；一个孩子在充满鼓励的环境下成长，他学会了自信；一个孩子在充满赞美的环境下成长，他学会了赏识他人；一个孩子在充满认同的环境下成长，他学会了爱惜自己；一个孩子在充满被肯定的环境下成长，他学会了立定志向。

教育是发现之旅，发现具体的人，发现动人的事，发现跳跃的心。当心一次次被擦亮，那些曾经的经验就会被一次次反思。回到具体情境中去，回到个体经历中去，我们才会突破"经验"的束缚，不至于让教育失去了应有的意蕴。

成长的过程也许漫长，但却是幸福且踏实的。在这种幸福和踏实的背后，我们由衷地体验到了诸多的艰辛和满足。因此我们要真诚地向那些一如既往的呵护、支持、帮助、信任我们的家长、领导及社会各界道一声衷心的感谢。

"佛不度我，我自度；不为彼岸，只为海。"我们始终坚信，在所有起点与终点的概念之间，唯有跋涉者永存。学最好的他人，做最好的自己——我们清醒地意识到我们肩负的使命和责任，立足脚下的这片土地，与志同道合者一路前行。

和孩子们一起快乐成长，多么有意义。

第21期　刊首语

高速运转的社会中，有一种被称作"失陪族"的父母悄然而至，可以说，他们并非因为缺乏教养孩子的责任感，只是在帮孩子成长的过程中，弄错了重点，以为稳定家境、丰裕的物质条件才是更重要的，这样的教养观，其实是一个很大的误区。对于孩子来说，最重要的"营养素"并不是这些外在的条件，而是父母的贴心陪伴，这种情感需求的满足，是任何物质难以代替的。

陪伴不是陪同、不是看管、不是物质满足，更不是说教和监督。陪伴是要全身心的融入孩子的世界，与他一起分享快乐、悲伤、苦恼、困惑……陪伴是一种温暖人心的力量，一种给人依靠的信赖。

没有几个人是喜欢孤独的，尤其对于孩子而言。我们爱我们的孩子，而我们的爱，不能只是依赖于我们主观的需求定义。当你只看到孩子的行为时，不一定能看到他的心，当你抽出时间陪伴孩子，读懂孩子行为背后的感情时，那一刻，你才能真正读懂孩子。一个情感需求满足的孩子，也才会更主动地探索世界。

生命来来往往，我们以为很牢靠的事情，在无常中可能一瞬消逝，我们以为很漫长的成长，在忙碌中可能一晃而过。既然如此，请好好地珍惜现在，珍惜和孩子在一起的每一分每一秒，珍惜他带给我们的一切，包括快乐与烦恼，共同拥有一段成长的心路。

什么才是真正地拥有？一念既起，拼尽心力当下完成，那一刻，才算是真正地拥有。

第23期　刊首语

每个人都有两个世界，一个是感情世界，一个是思想世界。感情的世界丰富多彩，轻灵如蝶；思想的世界独立孤傲，使我们顽强地生存和发展。感情色彩较浓烈的人，真真切切无所顾忌，无须代价地尽情体验感情世界的嬉笑怒骂，让一个"理性"世界变得无可奈何；思想内涵较深重的人，常常轻而易举地洞察人世间个中深意，给人以醍醐灌顶般恍然大悟，让一个"情感"纷扰的世界走进一个秩序井然的方程式。面对纯洁无瑕的孩子们，我们尽情享受心底里的纯真情感，面对各色家长，我们始终保持专业的理性。因为，我们是有梦想的幼儿教师！

有梦想的教师一定会有自己的奋斗方向，对的方向越走路越宽，越走心越敞亮，回望自己的人生地图，反思经年的教育得失，打点行装，收拾心情，明确前行的方向。有梦想的教师一定会坚持自己的职业操守，不为营营小利而动，不为外界纷扰所惑，不为艰难险阻折腰，独自品味梅花香自苦寒来的甘甜。有梦想的教师一定是一个脚踏实地的教师，善于发现教育的奥秘，走进孩子的心灵，日复一日重复烦琐的工作，将自己的生命、热情、情怀都融入教育过程中的。

每当夕阳西下，幼儿园重归宁静之时，全身心地投入在这一刻变为全身心的放松。反思、反省、反复斟酌，让我们的内质提炼、提高、不断提升，内心在宁静中达到平淡、自然、轻松、从容。

就让我们继续行走于情感与思想两个世界之间吧，让情感幻化激越，变为阅历，凝练为思想，让生命因此而更丰满。

第24期　刊首语

回首2017，我们鼎立潮头，知难而进，顺应形势，革故创新，风雨与硕果同行，沧桑与凯歌同奏。我们从曲折、坎坷、收获、成功中一路走来，走到了2018。此时，我们的失落和欢笑、困惑和领悟，都成了无比美好的记忆，因为那些走过的日子不会再重复了。

2018，我们展望新的里程，前行的道路依然坎坷，凛冽的寒风依然呼啸，我们仍然要经历冬天的寒冷，但我们坚信，不经历冬天的寒冷，就不会走到春天的繁荣，不学会忍受寂寞，就不可能绽放图腾。为了那太阳底下最光辉的职业，为了那不灭的希望和美丽的憧憬，我们还得向前……因为我们的事业需要自己去奋斗，我们的理想等着自己去实现。我们总会在岁月的盈虚消长中活到笃定与安然，我们总会在欢笑与苦难中历练得不惊不扰；我们的胸怀也会在寒来暑往中变得博大与宽容。有了悟，也有执着，这是人生的大智慧。

2018，我们还有着许多的设想或者说是梦想，它们正以神秘的梦幻和无尽的遐思诱导着我们，未来的日子里我们将为之奋斗，有些也许唾手可得，有些或许像珠穆朗玛一样高不可攀，无论结局怎样都不重要，重要的是我们有过目标，我们为之努力过。九层之台，起于垒土；千里之行，始于足下。让我们携手同行吧，从人生沿途的风景中，找寻新的道路，没有什么可怕的，至少黑暗不可怕，因为转角，总能见到阳光。阅遍千山万水，回来依旧是无穷尽的工作、无头绪的人生和无尽头的忍耐。静静等待，保持如初的温柔，这是新的一年对自己的期待——愿阅遍千山万水，归来依旧温暖如初！

与时俱进　信息之桥

——幼儿园网站　微信公众号

随着互联网的迅速发展，微信出现了，让人们可以从手机上更方便、更快捷地看到信息。幼儿园也紧随科技发展的步伐，不断更新信息发布平台。我有幸成为幼儿园的网络管理员，创建了幼儿园的微信公众号。

微信公众号对我来说完全是一个陌生的领域，我感觉压力很大、挑战也很大，还好我学习新事物比较快，经过一番探索，终于建立了"青岛市卫生和计划生育委员会幼儿园"微信公众号，2015年10月8日推出了第一篇文章——《青岛市卫生计生委幼儿园家园开放日》，这也标志着我们幼儿园的微信公众号正式上线了。

当时大多数的公众号内容都由我来撰写，写完后交给王园长进行审核。写新闻稿和我们平时写文章的模式不太一样，加上我没有经验，每次王园长都会给我改很久，耐心地教我应该怎么写才更符合标准。在王园长的悉心指导下，经过长时间的训练，我写的内容也越来越有新闻稿的样子了，当我得到认可的那一刻，我真心觉得自己所有的辛苦都没有白费。

克服了撰写新闻稿的困难，又迎来了新的挑战，刚开始的公众号制作比较简单，没有漂亮的底板，没有好看的拼图，直到有一天，我突然看到其他幼儿园的微信公众号，让我大吃一惊，原来公众号制作还可以美化，相比之下，我制作的公众号哪有什么美观可言？当时心情有些失落，觉得自己会的太少了，尽管大家都安慰我，说其他幼儿园有专业的网络管理员，我这样半道出家的已经做得很好了，但我的内心在暗暗较劲，为什么别人能做好的事情，我做不好？不！我也一定可以做到！所以我开始利用业余时间研究怎样制作公众号版面，怎样拼图，怎样制作视频和音频，哪个编辑器既可以免费又比较稳定。在我一次次的尝试中，终于摸索出了方法，当然，公众号版面设计得漂亮了，相应的制作时间也更长了。为了迎合主题，需要选择相应的设计，标题、边框、底板、分割线都要自己一样一样地搭配，选出最好的组合。怕耽误班级的工作，大多数的微信我都会等到下班回家进行制作，那时候经常在电脑前一坐就是好几个小时，熬夜到深夜是家常便饭，虽然很累但我并没有感到负担，只觉得能通过自己的努力学到新技能是一件值得自豪的事，而且在现代化的网络时代，为幼儿园的互联网信息尽自己一点点微薄的力量，留下自己努力的印记，也让我价值感倍增。

现在幼儿园来了许多年轻教师，接受新事物的能力特别快，慢慢也开始接手公众号制作，看她们认真制作的样子，经常会让我回想起刚开始学习制作公众号的经历，当时觉得有点苦，现在想起来却甜甜的。这段经历让我明白了，当我们不管遇到什么挑战，都不要轻易退缩，所有的努力和坚持都将会成为以后珍贵的回忆，我会继续保持自己的初心，迎接更多的挑战。

幸福感言

三十而立　感恩育健

——三明幼　致你我30年的守护

1989年，你盛载着多少人的期盼"呱呱坠地"，历经30年的风风雨雨，我们将爱与奉献倾囊给你，如今你已长大，褪去稚嫩与青涩，平添骄傲与洒脱，扬起风帆，驶向成熟。

你是童话，为孩子构建出一个别样的小世界——以"提升幼儿生命质量"为特色的健康教育特色课程，为孩子的生活增添一抹诱人的色彩，妙趣横生，繁花似锦！

你是晨光，为老师们播撒希望与责任，坚守乐学、多思、民主、和谐的初心，和孩子一起成长，沐浴心田，润物无声！

你是丝带，将孩子、家长、老师紧绕在一起，成为没有血缘的一家人，共同创造最美的记忆，编织健康摇篮，呵护童心，成就未来！

30个四季轮回，我们感受着你的点滴变化，体味着你带来的春华秋实，一个个硕果上承载的正是幼儿园多年来形成的园本文化——"求真、崇善、尚美、至爱"。

而今你30岁了，正值而立之年，育人者必先育己，立己者方能立人，你始终秉承着"一切为了孩子的终身发展"的教育目标，毅然地把优良的秉性和健康的体格赋予每一个孩子。

正如"恐雨太寒花太暖,为花连日作春阴",你一心一意呵护着每个在你这驻足过的孩子,你一步一个脚印兢兢业业为学前教育事业尽显绵薄之力。以后的故事一定是精彩的,不论未来是什么样子,让我们只争朝夕,不负韶华,共同迎接!

徜徉艺海　桃李满园

——记为幼儿园贡献10年的艺术班

最近几年，每个孩子都会上各种艺术班、特长班，现代的孩子们都是多才多艺的，哪个孩子不会一两样的才艺，说起艺术班我们幼儿园也有很多的故事。

幼儿园兴趣班是从90年代末开始初步探索，真正的辉煌年代是2001年到2010年这10年的时光。到了21世纪以后，社会进入到发展的新纪元，孩子们的技能更显重要，俗话说技多不压身，2001年开始我们正式创办了美术班、主持班、舞蹈班，每个班都分为高级班和初级班，根据孩子的年龄水平自愿报名。每学期初各班老师会为家长发放招生简章，没想到回收的效果非常不错，每个兴趣班报名的都很多。幼儿园开办兴趣班是很受欢迎的，当时校外机构的艺术班没有现在这么普及和火爆，而且幼儿园的收费也比较低，所以都喜欢在幼儿园上兴趣班，同时也帮助家长解决了早接孩子的难题，以前幼儿园晚班的孩子很多，6点多也会有孩子没被接回家，因此兴趣班也是一个服务家长的品牌，在当时非常受欢迎。

我们的教师队伍专业也很突出，老师都有各自的特长。李琛、张兰、周凤君、刘金凤老师先后负责美术班教学，蘧晓静、王磊担任舞蹈班老师，李谦、贾文桐负责主持班教学，何然斐负责英语班，刘金凤、胥殷萍也教过一段时间的英语，再后来还外聘过其他学校的老师教过唱歌、珠心算、围棋、武术等。艺术班也是全园的一项工程，那个时候代课老师必须上早班，利用下早班的时间业余给孩子们上课。一节课是一个小时，美术课的时间要长一些，等到最后一个孩子画完为止。根据排课时间表，每周从周一到周五的下午都有课，每天代课老师下早班后，要按照花名册从各个班级叫孩子，叫到最后成了一个长长的队伍，老师上课不仅要满足这些孩子们的兴趣，更重要的还要保障艺术班里孩子的安全，因为不完全是自己班级的孩子，所以每当下课时，老师要一个一个核对好孩子的名字，生怕接错、漏接！这件事考验教师的责任心，往往下了课，才感觉这一天的工作才完成！幼儿园当时是自收自支体制，在收费方面幼儿园财务统一用收费卡的形式收费，每学期象征性地预收费，家长只管报名就行，学期末结算。有的家长所有的班都报，后来因为音乐教室排不开，一个孩子最多限报两项。就这样，年复一年，月复一月，艺术班整整陪伴了我们幼儿园走过了20年！也给幼儿园的发展和建设创造了不可磨灭的功绩！

艺术班并不是随便给孩子上上课就可以了，老师也是严谨地做出每个学期的教学计划，学期末还要为家长开放一次汇报展示。在汇报展示中，舞蹈班老师会为孩子化上精致的妆容，给孩子穿上整齐的舞蹈服，展现出一学期优美、生动的舞姿；主持班老师会使用道具，为孩子戴上头饰排练好看的儿童剧，朗诵一段段精心设计的儿歌童谣；美术班会为所有孩子挑选作品布置精致的画展；英语班一串串好听的英语歌曲的展示也为幼儿阶段的磨耳朵打下了良好的基础。这一些无不体现出幼儿园管理的周到，教师认真的付出和对待每个细节用心的准备，幼儿园有这么好的口碑就是从这么多年点点滴滴的活动、展示积累而来，孩子也在一次次艺术班的学习中成长起来，各方面技能有了很大的进步，有的从不愿意学到喜欢学，有的从喜欢学到表现突出，孩子的进步家长也看在眼里，就这样我们创办了十几年的艺术班，培养了一代代孩子的艺术特长。

如今毕业的孩子已有参加工作的，有的在电视台工作，有的考上了舞蹈学院，有的从事设计工作，有的也当老师了，荣幸的是我们发掘了他们幼时的艺术梦想，成为他们的启蒙老师，并为他们的梦想指明了方向。虽然现在幼儿园的艺术班已经成为历史，但我们曾在幼儿园的发展路程中参与过、创始过、贡献过而感到非常开心，今后我们也会在教育的过程中通过不同的途径继续开创艺术摇篮，让一代代孩子种下艺术的种子。

快乐早阅　伴我成长

——记相伴我们10年的早期阅读

随着人民生活水平的提高，幼儿教育越来越重视，现代人都关注幼儿的早期阅读，回顾幼儿园30年来的教育路程，早期阅读在幼儿园的第二个10年中起到了非常重要的作用。幼儿园早期阅读的开展是从2001年正式开始的，我们接了一个全国性早期阅读促幼儿思维能力的课题，当时是每个级部有一个班当实验班，全园三个实验班实施开展，实验班会给老师发一套书和有关字卡的教具，每周有一个下午进行早期阅读的活动。

刚开始实施早期阅读的课题，老师们都是在摸索中开展的，没有专家的指导，没有资料的学习，也没有相关的培训，大家都是摸着石头过河，只靠着简单的一本书和字卡进行研究。在不断地上课、磨课中，教师根据字卡设计了多种游戏的识字课，如快闪式的记忆、象形字的记忆、比赛式的强化等，得到了孩子们的喜欢，学习积极性非常的高。当时孩子是没有教材的，老师有大的挂图，挂图内有儿歌、插图的内容，根据教材的内容老师又引导孩子学习和练习了划指阅读，在实践中慢慢形成了各班的特色。实施一年的早期阅读，三个实验班的孩子都有了质一样的飞跃，通过早期阅读使孩子在语言表达、思维能力、交往能力、习惯培养等方面都有了很大的提高，并得到了家长们的认可，早期阅读在这一年的摸索中获得了很大的成功，就这样我们在全园进行了普及。

普及后的早期阅读，也逐渐形成了规模，每个孩子也有了教材和小字卡，老师也有了配套教材和教具，各方面的准备也越来越齐全。定期也会有课题组的老师来园进行指导和示范课，我们老师也为孩子创设了有利于早期阅读的环境，及时为家长开展家长课堂宣传早期阅读的内容，老师们的教学方法也在不断地提升，孩子语言的发展突飞猛进。而孩子们在生活中的反馈是家长最满意的，有的孩子们回家会为家长读报纸，有的孩子在公共场合会念指示牌的提示语，有的孩子爱上了阅读，而毕业的孩子回来反馈说小学老师都喜欢卫生局幼儿园的孩子，因为适应能力、学习能力非常强。就这样在我们的学区中，我园获得了家长们的赞赏，生源不断提升，早期阅读已成为我们幼儿园的一个品牌。

早期阅读在我园开展了十多年的时间，随着教育的改革，现在的早期阅读已不再是单纯认字识字阶段，更注重于孩子阅读的习惯，帮助孩子尽早进入知识的海洋。早期阅读的对象是多样的、丰富的，让孩子调动一切感官去观察、思维，理解视觉所及的信息内容，因此早期阅读本质上是一种解读符号信息的心智活动。现在我们老师的教学也越来越专业，其实都是在这十几年的摸爬滚打中逐渐成长的，我们也感谢早期阅读那个阶段，让我们和幼儿在共同成长的过程中逐步建立自信，也是一代代的孩子给予了我们教育的火花。

情境数学 激发兴趣
—— 记幼儿园情境数学课题

幼儿园的数学课程一直都根据幼儿的年龄特点和认知水平进行有规律的设置，以传统教学模式为准，在2004年的时候我园又开展了全国情境数学的课题。情境互动式幼儿数学对于当时的我们来说是第一次接触，这个课题的开展较早期阅读来说，配套的教材、教具、学具就比较齐全和详细了，为教师前期的准备和摸索提供了很好的帮助。

在实验的过程中发现这套教材是让幼儿在原有生活经验的基础上，通过情境互动，发现数学知识，促进幼儿良好的思维能力的发展，里面的数学情境生活化，非常注重幼儿动手能力的培养，当时看到情境数学配套的教学具时，对老师来说既好奇又困惑，好奇的是新鲜事物，很多的教具没有见过，困惑的是有些材料不知道如何运用。但我们老师好学上进的精神从来都不会输，那股勇往直前的劲使老师认真学习和钻研，探索教材中每个活动的做法，研究每个教具在活动中的使用，相互研讨交流做好备课。由于幼儿园当年硬件设施有限，各班没有电脑和电教设备，配套的教具太小不方便面向全体使用，上课的大型教具都是自己制作，手绘大图，利用KT板做操作拼图，同时在活动区中创设了相匹配的活动区材料，得到了孩子们的喜欢。

课题实施的三年过程中，我们发现孩子思维发展得更好了，观察能力、动手能力极强，并养成了良好的学习、整理等习惯，家长的反应也赞不绝口。于是我们将这套教材纳入我园园本课程，在我们健康教育课程中进行运用，每年中大班开展实施，从那以后每到中班第一学期的第一个月发教材的时候，我们会针对数学活动单独给家长开一个家长会，向家长介绍这套情境数学课程的运用，并逐一示范各个学具的使用方法，教给家长每次活动后的课后指导，根据每个学具的特点配套适合携带的小袋子，让家长在每个学具和教材上书写姓名，怎样使教师和孩子用最简便的方法携带和避免丢失，怎么使课程的难点化为趣味性的理解，每个老师都有自己的经验和方法。在教学中教师根据教材内容也设计了具有生活化、情境化的数学活动，很多老师根据情境数学的形式拓展教学思路，利用有趣的教学方法设计了一节节别开生面的数学公开课，在市区里获得奖项，为幼儿园取得了很多的荣誉。

如今情境数学课程已经是我园的教学特色，至今都在运用。它已成为孩子"有用"且"有趣"的生活，教师创设的情境不但具备数学的本质、为数学内容服务，更重要的能激发孩子的兴趣，使孩子在情境中发现问题、提出问题、解决问题，真正培养孩子的思维。

创意美术　放飞想象

——记幼儿园创造性美术活动课题

幼儿园继数学课题之后，2013年的时候全园又开展了创造性美术活动的一个课题。这个课题虽然也是第一次实施，但活动内容对我们来说一点也不陌生，因为我们的教育活动、教学方法、环境的创设、活动区的材料，都是在艺术的领域中创造性地开展运用的。

老师们在教学方面越来越成熟，各个老师经过多年的积累都有很多经验，各班的子课题发挥了巨大的作用。就这样各班每个星期选择一天的下午开展一次创造性的美术活动，并记录下每个活动的瞬间，收集每个活动的材料，每个学期的收获见证了一学期的辛苦付出。美术课题使用的材料属于消耗性材料，幼儿园教学经费是有限的，所以在材料的选择和使用方面是最让老师为难和头疼的事。我们老师一直在摸索如何运用有效的教育方法，怎样用最简洁、朴实的材料，帮助幼儿进行美术创作，并突显幼儿园各年龄层的特点。各班老师都在动脑筋构思，利用孩子和家长资源，收集了很多的废旧和自然材料如瓶子、纸盒、纸筒、纸盘、纸杯、塑料纸、树叶、树枝、鸡蛋壳、五谷杂粮等，艺术来源于生活，通过教师的努力指导和孩子们的动手创意将这些材料变废为宝。

在课题结题的时候，幼儿园邀请了青岛大学学前教育专业领军人物孙玉洁教授、青岛市教科院的雪梅、辛明研究员、市南区教育研究中心的王珍桂主任等岛城知名的专家教授现场指导，同时还邀请到各个班级的家长代表、家委会成员，他们有的是医院专家，有的是大学教师，有的来自社会各界。结题会上，王园长向各位专家和家长代表以"幼儿美术创造性的表现方式"为题目汇报了我们的研究过程和方法以及取得的成果，每个班级一个艺术特色，呈现出班级子课题的成果汇报，体现出教师用心指导孩子们的艺术创意，展示出孩子们超强的动手和创造性能力，得到了各方专家、老师和家长的肯定和好评。尤其是得到了市立医院引进人才张博士的充分肯定！他说："他在德国工作学习过十余年，今天的研究成果和孩子们的创造表现方式让他震撼！他感觉中国的教育、我们幼儿园的教育是真正的素质教育！"对我们幼儿园老师们具有深沉的艺术底蕴、丰富的教学经验、强烈的敬业精神、丰硕的教学成果、孩子们惊人的创造想象力……给予了高度评价！

虽然美术课题已经结题，但我们探索教育路上的脚步却从未停止，这些课题的实施过程给予了我们太多的教学经验，使我们成长、成熟和沉稳，原来教育是如此精彩！

我和森林有个约会

——"森林日"活动纪实感悟

以前每次一听到幼儿园要进行集体外出出游活动，脑子里会马上出现各种预设、各种担忧、各种愁闷。

预设的是"森林日、春游或秋游"活动孩子出游的目的是什么？对于孩子来说这样的内容他们感不感兴趣？家长对于孩子出游这件事的态度是什么样的？

担忧的是"森林日、春游或秋游"活动中孩子的体力能否坚持到出游的目的地？出游过程中孩子的人身安全该注意哪些问题？哪些孩子晕车？体质弱？哪些孩子自控能力弱？哪些孩子调皮需要特殊关注？

愁闷的是"森林日、春游或秋游"活动能否得到家长的认可？活动中如果有孩子出现安全问题，家长能否给予理解与认可？该如何让孩子在活动中体验出游的快乐？

自从听了王园长跟随青岛市名园长工作室去日本参观以自然森林为依托的5所幼儿园后带回来的幼儿成长、教育的理念，让我对幼儿的运动有了更真切、更热血沸腾的理解，真的很羡慕日本孩子的成长与教育环境。2岁的孩子敢于放手在森林里爬树、探险，3～6岁的孩子可以自由地在森林中探秘、野炊，进行各种原始的、有挑战的活动，真正满足幼儿探究、运动的本能。也非常羡慕日本教育的理念，家长们会因为自己孩子的受伤而跟老师道歉，老师教育的社会地位能得到家长、孩子及社会的尊重与认可，这样的教育环境深深地令我向往。

王园长多次向家长们进行"幼儿健康教育、运动及安全意识的培养"等方面的讲座，也在一次次冲刷家长对幼儿教育的反思及认识，让家长们充分肯定幼儿园组织的外出活动的意义与价值，使得我每次在班级群里发通知时更加坚定，家长们也都一呼百应，对于能够给予幼儿锻炼的机会也绝对不错过。

记得有一年市南区进行幼儿动作的达标测验，区里来测查的领导、老师们纷纷表示："咱们幼儿园的孩子身高普遍比同年龄段的孩子高，动作发展都很敏捷，一看孩子体质都特别好！"听到这样的评价，我想这跟我们幼儿园的教育理念是分不开的，跟幼儿日常参加的各种锻炼活动是分不开的，也为自己的孩子有幸能在幼儿园成长感到深深的开心与欣慰。

当然每次活动之前的各种谈论与现场勘察、活动准备等也是非常烦琐的，记得第一次王园长决定带领全园小、中、大幼儿登浮山时，这是在青岛市各大幼儿园里的第一次尝试，为了保证幼儿出行的顺利，王园长下午4点带领全体班主任老师进行登山踩点，我们一路走、一路分析，走到这个路段应该注意什么，走到这个路段哪个班的孩子可以在此探险、观察，走到这个路段孩子会有什么反应，大班的孩子体力能否坚持到山顶，如果能到我们可以做哪些准备，如果不能又该如何？

在这反复思考、现场勘查基础上，我们带领着孩子们进行了一次次的安全、生动、精彩的登山、采摘、游玩等活动。现在眼前还经常闪现出孩子们背着小书包奋力向上登、小脸爬山时微微红、抿着小嘴唇向前冲的小模样。整个过程其乐无穷，从一开始的欢欣雀跃到互相喊号子鼓劲，再到到达目的地后孩子们忘我地趴在草里、地上寻找荠菜、小蚂蚁，搬起石头寻找西瓜虫，拿着放大镜观察树上的树枝、树皮、树叶的样子，捡各种不同形状的石头、松球、树叶，当成"宝贝"或放在自己的袋子里，或牢牢地抓在手里，想要带回家跟爸爸妈妈分享自己的发现和成果……

当家长们在山下看到孩子那幸福兴奋的小脸、牵起孩子的手、听着孩子迫不及待想要分享自己的发现时，那种洋溢着幸福光彩的脸庞，令我深深觉得做再多都是值得的，很多孩子说不舍得离开想继续爬，还有的孩子说自己虽然很累，但是仍然坚持爬到山顶，这种种的体验带给孩子积极健康又乐观的生活，真是令人回味无穷，这时候教师的价值感爆棚到极致，真的觉得很幸福，我们的工作、职业，我们的坚持、所做的都是有意义且值得的。

健康教育理念的引领，园领导教职工的通力合作，家长孩子们的勇于尝试，将会使我们在健康教育的探究中愈行愈远，也会让我们在不断地坚持与创新中，真正做到适时、适宜的教育，一切为了孩子、为了一切孩子、为了孩子的一切。

你们是我最想留住的美好

—— 幼儿园毕业典礼感悟

我有幸在幼儿园参加了七届毕业班的毕业典礼，看着当初一个个可爱的稚嫩蓓蕾成长为振翅欲飞的小小雄鹰，心里无比感慨。

在我主持的毕业班典礼上都有一个保留节目——毕业班的孩子们集体朗诵《毕业诗》。每当这个时候，我放下主持人的话筒，和全场的老师们一起静心聆听孩子们用稚嫩的声音娓娓道来的"毕业心声"。孩子们动听的声音一下把我拉回他们刚入园的场景：三年前，刚进幼儿园的宝宝们把玩具扔满地、还会发脾气，来到陌生环境胆小的小模样，一会喊着"找妈妈"，一会儿将你推开，转头又忍不住往你怀里钻……这时作为老师的我会轻轻抱起处于离别焦虑中的孩子们，在他们耳边轻轻安慰，并用他们喜欢的游戏转移焦虑情绪，让他们逐渐爱上幼儿园，几个月后这群刚入园的孩子会无比信任地和老师一起游戏、一起谈心。

三年里我陪伴孩子们慢慢长大，毕业时他们成了最受欢迎宝贝，他们的成长也是我的成长，同时我也收获了满满的感动。记得孩子们哭哭啼啼，转过身不一会儿又开怀大笑，孩子们是有快乐魔法的天使，跟他们在一起再多的不开心也会一扫而光；记得他们发呆时的样子，一动不动仿佛时间静止了一样，岁月在此停滞，仿佛是不愿带走你纯洁的心灵；记得他们伤心难过的时候，只要老师一个拥抱，不一会儿就破涕为笑，此时的我明白原来自己多么重要。孩子们同样陪伴着老师，他们也是我的小老师：他们教给我如何放慢脚步，蹲下来静静嗅一朵花的芬芳；教给我要经常抬头看看天空，鸟儿在天上"闲逛"和云朵捉迷藏；教给我在生机勃勃的草丛中，细听秋虫和鸣……在与孩子们相处后，发现自己需要强大，需要拥有超人的力量，需要学习更多，才能填满他们天马行空的想象，才能让孩子们茁壮成长。我有幸成为孩子们的老师，我爱可爱的孩子们。也是他们给了我机会让我成为老师，是他们教会我有一种付出不计回报。老师给予孩子的可能不是最多、不是最好，但他们三年里给予老师的是他们全部的能给予的所有。

每一次的毕业典礼上，王园长和毕业班老师的发表感言，总是我最感动的时刻。王园长和老师们流露的真情、诚挚的语言总能使同为老师的我泪流满面。就像王园长说的那样"幼儿园就像金色的摇篮，园长、老师就是守护在摇篮边的妈妈。摇篮里的孩子长大了，要离开妈妈，妈妈心里有多么不舍，有多少话要叮咛……"幼儿园的园长、老师们愿将世间所有的美好都赋予孩子们，愿将时间停留在与孩子们相处的此刻。愿时光不负，愿孩子们健康成长、扬帆远航。

家长朗诵感言环节也是最动情的一刻。大班毕业典礼作为孩子们人生中的第一个毕业典礼，家长们的心情充满感动和感慨。还记得有一位家长在感言的最后说道："幼儿园里的石榴花开了，知了叫了，三年后的这个时节叫作'离别'，纵然有再多不舍，我们还是将要告别幼儿园的站台，踏上新的旅程了……忘不了，每天在幼儿园门口迎接孩子们的老师；忘不了，亲切和蔼的门卫叔叔、爷爷；忘不了，幼儿园的墙壁上挂的孩子们的作品；忘不了，种植饲养区里饲养的动物和美丽的花朵；忘不了这座美丽的幼儿园，忘不了幼儿园后院的玉兰花和樱花，围墙上盛开的蔷薇花。早已习惯每天踏着晨露送孩子上幼儿园，傍晚伴着黄昏接孩子回家。那园中春、夏、秋、冬四季景观的交替变迁，是孩子最最活色生香的自然教育……这一切仿佛才刚刚开始，但是却即将挥别……"家长们向幼儿园赠送的一面面锦旗，一封封感谢信，都是给予我们最好的肯定。

毕业典礼上的毕业生们在三年的幼儿园生活里越来越可爱，但我更多的是感慨孩子们的成长，是满心的欢喜。这三年里不仅是我们给孩子们爱，更是这群天使用一颗颗明亮的心"照亮"了我们，给予我们无限的信任和爱，让老师们拥有满溢的职业幸福感，同时让我们拥有珍贵的机会和孩子们共同成长。

小小舞台承载大大梦想

——幼儿园文艺演出感悟

小时候我特别喜欢看综艺节目，尤其喜欢看在舞台上唱歌的人，感觉他们的声音特别嘹亮、悦耳。我羡慕他们，也梦想着自己有一天也能登上舞台，把喜欢的歌唱给大家听……当成为一名幼师以后，幼儿园里隔两年就会举行一次文艺演出，园里还把主持、唱歌等重任都交给我，给了我很多展现的机会，圆了我儿时的梦想，让我在一次又一次的演出中积累经验、增强勇气，成为一个更加自信的人。

走上舞台 我就是主角

回首多年来的主持经历，第一次做主持人的那一幕仿佛就在眼前。园长为了让小朋友们的演出效果更加完美，让家长们更加满意，她将远洋船员学院的礼堂租了下来。天哪！在像电影院一样大的礼堂演出还是我第一次经历。

那一天，兴奋与紧张交织在一起。演出前，我在后台拿着台词说了一遍又一遍，紧张的手也在发抖。"上台一定要微笑，一定不能抖，一定不能忘记台词"，我一遍又一遍地告诉自己，可是越是这样越是紧张。时间一分一秒地过去，演出马上就要开始了。我连续深呼吸，缓解紧张的心跳，挺胸收腹，不断地回忆自己在排练时上下台的经历。伴随着优雅的音乐，我和李老师慢慢走向了舞台中央。哇！好多的人全都在看着我，密密麻麻的，心又开始怦怦跳。顾不上看他们，我把目光对焦在最后排座椅的中间，一直微笑。到我主持了，我从容地拿着麦克风，充满感情地致着台词，最后一句"掌声有请"，台下响起雷鸣般的掌声，随后我们优雅地退下了台。台下的同事一直在鼓励我："说得真好，感觉你一点也不紧张。""真的吗？"在接下来的上下台中，我变得坦然了许多，我像是已经吸取了能量，更加自信了，观众们的掌声越响亮我越充满力量。

压轴演出　完美的谢幕

每一次的文艺汇演中我都会唱歌给大家听。还记得第一次独唱曲目是《好日子》，也是文艺演出的最后一个节目，预示着每一天都吉祥如意、红红火火。当我拿着话筒走上舞台，掌声特别的热烈，我隐隐听到自己班的孩子在台下激动地喊："是我们班的贾老师！贾老师好漂亮！"成为孩子们心目中最美形象的那一刻真的是特别的开心，特别有成就感。

一个人的舞台不够热闹，后来的演唱有孩子们为我伴舞。和孩子一起表演的时候，有我和孩子的动作互动以及眼神的亲切交流，呈现出师幼之间的相互吸引相互关爱的情感，通过观赏节目也能让家长感受到老师和幼儿之间的爱。家长男女二重唱的形式又给舞台增添了一种新的风格，既能体现良好的家园协作，又能展现家长们的风采。

每一次的歌唱演出，在提升自己演唱技巧和水平的同时也让家长们、孩子们看到了自己另一面的才艺。在园里或者下班路上，经常有孩子指着我对自己的家长说："这就是那个唱歌的贾老师。"每每听到这些，我小小的虚荣心都会得到满足。

忠实观众　别样的感动

有一年的文艺演出因为我在孕期没法参与主持和表演，第一次能坐在观众席上观看，心里别样的激动。从主持人登场、孩子的表演、老师的舞蹈展示……每一个节目我都仔细地观看，仿佛看到了以往的自己。舞蹈"天山脚下"中同事们一张张俊俏灿烂的笑脸是那么的美丽可爱，每一位老师都在卖力地展现自己扎实的舞蹈基本功。一个字：美！两个字：震撼！我为老师们骄傲，为她们喝彩！

我带着肚子里的宝宝也为小朋友们排练了一个舞蹈"三字经"。台上一分钟，台下十年功。记得排练的过程中，我挺着大肚子又是蹲又是起，园长老师看见还提醒我慢一点。可是那一天，孩子们在台上举着小扇子表演得非常成功，我把最热烈的掌声送给了他们，感动的眼泪流了下来。孩子们，你们永远是我的骄傲！

幕后花絮　难忘的回忆

我们的幕后花絮也是非常热闹的，那些都是我们最珍贵最难忘的回忆。记得有一次跳藏族舞，其中一个动作是十个人站成一排背对观众，三步一回头，一共做三次。因为紧张我连做了四次，最后一次大家都往后跑，就我一个人回头朝观众笑，真的好尴尬。隐隐地听见兰兰老师小声喊："贾文桐，快点！走啦！"好尴尬的场面呀。下台以后我们因为这个笑翻了天，这也是我最糗的一次演出了。还有一次跳新疆舞，王磊老师是领舞，腰后有一个很大的红花特别漂亮。有一个动作是她在中间连续转圈，我们都围坐在旁边。在她转圈的那一刹那，我们都发现大红花不知道啥时候跑在了前面，正好在她的肚子上。我们忍着笑把舞蹈跳完，下台以后再次笑喷……

多少年走过，回忆满满。现在我对舞台有着由衷的热爱。每当走上舞台灯光一亮，我的眼睛就像会放光一样，心里满满的自信。是幼儿园给了我们锻炼的机会，我将会继续把全部的热情奉献给幼儿园，奉献给承载着梦想的舞台。

面对面交流　心与心沟通

——幼儿园家长开放日、家园同乐会感悟

幼儿园每学期都会开展一次"家长开放日"活动，每年的元旦开展一次"家园同乐会"。这两个活动不仅是孩子企盼的，也是家长企盼的。活动当天，家长可以看到孩子在幼儿园的每个环节，从入园晨检、早餐、早操、教育活动展示、区域游戏、户外活动到午餐，都会像往日一样——呈现，家长们忙着拍照、录像，乐此不疲。

家长开放日这半天，也是老师和家长面对面沟通的最好时机。活动前我们班级老师都会进行一些商讨，罗列出现过的问题、预解决的问题等，做到心中有数、有的放矢，便于活动当天能有重点地针对班级中发生的事情、家长的意见，和家长进行一对一有目的性的交流。

小班开学一个月了，我们班的"小石头"已经成为我的"目标"，这一个月石头妈妈几乎天天晚上和我通电话，后来石头妈妈对我说："安老师，你知道吗，我最害怕接到你的电话，这一个月，电话一响，我就紧张得哆嗦。"听到石头妈妈这样说，我顿时也感到一位母亲的无可奈何与辛酸。石头是一个特殊的孩子，医生给予的鉴定是"轻微自闭"，从石头入园我们就发现了他与别人的不同。每天早上，见到石头，我都会说："石头，早上好。"石头低着头，微笑着看着别处，不说话，我继续说："石头，你也要跟老师问好啊。"石头仍旧低着头，微笑着看别处不说话，在妈妈的催促下，石头为了回应妈妈，跟着妈妈学说一句"老师好"，这就算是问好了。

开学后经过几天的接触，发现老师和石头的对话永远都是"有去无回"，要不就是"复制粘贴"，他只会重复你的话，不会回答。这还不是问题的重点，重点是石头每天都"打"人，他的语言发展不好，肢体语言就会特别丰富，午睡时候咬小朋友的胳膊、站队的时候推倒前面的小朋友、用门挤小朋友的手……"故事"每天不断上演着。每天老师都要跟被打孩子的家长去沟通、解释，然后石头妈妈再去道歉，事情不是一次两次，时间一久，家长们的意见就很大，还有家长建议幼儿园开除石头，要不然他们退园，每天的问题虽然解决了，但是矛盾却日益恶化，我每天晚上给家长打电话，一聊就是一个多小时。

这是小班开学后第一个家长开放日，家长的参与率也很高，是一个与家长畅聊、缓和矛盾的好机会。家长开放日当天的家长会上，我跟家长很坦然地聊起来小石头，讲述小石头的特殊性。是啊，每个孩子都是父母的天使，哪有父母会想到自己的孩子生下来会有问题，你们拥有一个健康的孩子是多么幸运的事情，小石头的父母和你们一样爱着自己的孩子，但是小石头的特殊性使得他的父母付出的比你们更多，我们是一个班集体，是一个大家庭，我们家里的每一个人都不能掉队，我们彼此之间多些理解和谅解，也给石头这样的孩子一份纯真的友谊，让他感受到来自集体的爱。后来石头妈妈也起来发言，她甚至无奈地说："你们回家跟孩子说，如果石头再打他们，就让你们的孩子还手，尽管打石头，让石头感受被打的滋味，看他以后还敢打人不！"听到这我、石头妈妈还有好多家长都泪目了，可怜天下父母心，接着石头妈妈不断跟大家道歉，感谢大家的理解和宽容。听到老师毫无保留地、真心实意地诉说，看到石头妈妈作为母亲的无奈与诚心诚意地道歉，家长们将心比心都被感化动容了，后来在家委会家长的带领下，慢慢地石头被我们大家接受了。

其实在相互接纳的这个过程中，受益的何止是石头，还有我们，正是石头为我们上了一门关于人性的必修课，教给我们学会理解、同情、善良、包容……以后的人生还会遇到许多意想不到的人和事，而一个懂得包容的人必将宠辱不惊、万事淡然，能够笑面人生、乐观忘我。

除了"家长开放日"，每年的"家园同乐会"活动也是亮点，活动中孩子们的"才艺展示"与游戏环节穿插进行。而每次保留的项目必定是传遍大江南北、经久不衰的"抢椅子"游戏，道具简单，还特别活跃气氛。刚开始家长坐在一起还都不好意思，鲜少聊天，来上几轮"抢椅子"，在家长们的哄笑声中，气氛也就有了。去年元旦，我们一如既往的第一组游戏就是"抢椅子"，刚开始妈妈组很害羞，都不愿打头阵，保持矜持不好意思抢，还互相谦让，这样玩那多没意思，为了活跃气氛，我跟妈妈们来了一组，在抢椅子的过程中，还把一位妈妈挤到地板上，所有家长、孩子哄堂大笑。接下来的几轮，妈妈们终于放开了，发挥自己的优势，顺势而为，开始了激烈的"抢椅子"游戏，孩子们在下面一会儿哈哈大笑，一会给自己的妈妈大喊加油，气氛瞬间沸腾。最有趣的还要属爸爸组，看着爸爸们一个个彬彬有礼，那在"抢椅子"的过程中，绝不谦让，还带有一定"危险性"，爸爸们的动作那叫一个快、狠、准，旁观的家长都得看好、抱好自己的孩子，以防被"误伤"。淘汰到最后还剩下两位爸爸，抢一把椅子。音乐响起，俩人围着椅子转，A爸爸一边跟着音乐走，一边转动椅子位置，方便音乐停止后自己坐下，引起了大家的哄笑；B爸爸很淡定地走着，不慌不忙，瞬间，音乐停下，A爸爸迅速顺势坐下，说时迟那时快，B爸爸一把抽走了小椅子，A爸爸"咕咚"一声坐在地上，B爸爸拿起抽走的椅子坦然坐下，全场哗然大笑，足足三分钟，那场面欢乐到极点。

每一次活动结束后，我都会笑得嗓子哑，那一个个精彩的场面，吃饭的时候再和班级老师们细细说来，回味无穷。活动中的很多趣事不仅成了我们与家长之间最好的润滑剂，在真诚沟通中加了一份快乐与从容，同时拉近了家长之间的距离，面对孩子间的交往冲突时多了一份理解与宽容。

家长之间本来是陌生的，他们因为小一班这个集体、因为孩子之间的友谊而相识，通过幼儿园开展的这些活动，大家开始熟悉、慢慢了解，逐渐成了一个温暖的大家庭。孩子是独立的个体，但是孩子的发展需要家庭和幼儿园一起合作，活动的开展，让家长及时了解孩子在幼儿园的表现以及幼儿园的活动状况，大家一起面对面交流，不仅增强了幼儿园、教师、家长之间的沟通，也拉近家长与老师的距离，从而更好地配合幼儿园，共同关注每一个孩子的健康成长。

霓虹舞台

启迪童心　塑造未来

——幼儿园庆祝六一儿童节暨建园20周年文艺演出

2009年6月1日上午，青岛市卫生局幼儿园庆祝六一儿童节暨建园20周年文艺演出在远洋船员学院礼堂隆重举行。青岛市卫生局局长曹勇同志为幼儿园题贺词——"启迪童心，塑造未来"，副局长张华同志亲临演出现场为孩子们送上节日的祝贺并致辞。局办公室主任任福荣同志以及市卫生监督局、市立医疗集团、海慈医疗集团、口腔医院、传染病院、妇儿中心、疾控中心、卫校、科技馆、资金办等领导也为小朋友们送来节日的慰问并观看了演出，师幼、家长同台献艺，演出获得了巨大成功，得到各位领导、家长和社区居民的一致好评。

在整个庆典的筹备过程中，幼儿园全体职工在党支部的带动下，全园一盘棋，从节目审查、音乐制作、服装道具、舞台设计、彩排走场到场地租赁、对外联系、接待来宾、安全保卫等各项工作，分工负责，协调合作，克服人员少工作量大时间紧的困难，服从幼儿园的统一安排，各项工作如期完成，为庆祝活动的圆满成功做了充分的准备。

园庆活动的成功举办，充分证明了幼儿园在科学发展观的指导下，全体党员干部职工思想有了统一的认识，行动有了统一的指挥，幼儿园的凝聚力进一步增强。

大班大合唱

春雨润物　茁壮成长

——庆祝六一国际儿童节暨建园25周年园庆文艺演出

在美丽的浮山边，有一个健康摇篮，那就是青岛卫生计生委幼儿园——孩子们幸福的乐园。

我们播撒着爱的阳光，让孩子如百花争艳。

回望多少平凡的日子，

阳光绽放成我们的笑脸。

我们送孩子一片春光，

孩子给我们春光烂漫。

我们是光荣的幼儿教师，

求真、崇善、尚美、至爱协同发展！

啊！我们营造爱的摇篮，让孩子幸福、幸福无边。

我们耕耘的天地是孩子一生的起点，

我们营造着爱的摇篮。

盼孩子能大树参天，

展望未来美好时光，

摇篮编织成我们的祝愿，

我们为孩子点燃梦幻，

孩子还我们希望无限。

啊！我们是快乐的幼儿教师，

健康自信理念超前。

啊！我们编制爱的摇篮，

让孩子飞向、飞向高远！

　　春雨润物，我们茁壮成长；繁星指路，我们步伐坚定；清风拂面，我们乘风远航。建园25年来，我们风雨同舟，砥砺前行。尽管没有丰厚的报酬，我们却用爱心描绘了绚丽多姿的童话世界；尽管没有资深的阅历，我们却用纤细的双手记载了孩子们丰富多彩的童年生活。记忆中那一树一树的花开，那乳燕在梁间呢喃，是爱，是暖，是希望，是我们的全部！

　　我们坚信，若干年后在我们身边斜身而过的雄鹰奋力挥动的翅膀，就是我们至纯至美的心灵溢出的智慧。

健康摇篮　成就未来

——青岛市市南区三明路幼儿园庆祝改革开放四十周年暨2019年元旦文艺汇演

青岛市市南区三明路幼儿园建园近30年来，伴随着改革开放，全体教职工团结一致、砥砺前行、不忘初心、牢记使命，为了每一名幼儿的健康发展，默默耕耘、无私奉献，形成了"求真、崇善、尚美、至爱"的园本文化理念。

本次演出形式多样，以合唱、打击乐、舞蹈、童话剧展演等形式，将传统文化贯穿其中，为孩子们的终身发展留下了真、善、美、爱的印记，本次演出取得了圆满成功！演出共分为四个篇章。

第一篇章——求真篇

"千教万教教人求真、千学万学学做真人"，我国著名教育学家陶行知老先生主张，教育的第一步是"求真"，教师的职责是"教人求真"，"真"是我们教育的出发点，也是归结点。把"求真"放在园本文化的第一位，充分体现了三明路幼儿园尊重知识、尊重科学，为培养敢于探索、追求真理的国家栋梁奠定坚实的基础。

（1）大班大合唱：《国·家》青岛市市南区三明路幼儿园园歌。

（2）中三班亲子打击乐《大中国》。

（3）中二班舞蹈《阳光男孩》。

（4）大二班童话剧《老虎拔牙》。

第二篇章——崇善篇

《大学》说："大学之道，在明明德，在亲民，在止于至善"。教师的教，学生的学，目的在明德、至善，其前提就是"崇善"，也就是注重善行，完善人格。所以我们的教育首先要求教师注重善行，完善人格，然后以自身的人格魅力去影响人、教育人、发展人、完善人。

中华文明源远流长，传统美德薪火相传。我们每一个人，既是中华文化的传承者，又是传播者，而孩子们，则在朗朗地颂唱中明事理，懂大义，懂得感恩，心存善意。有小朋友们表演舞蹈《弟子规》《游子吟》，有的小朋友朗诵《三字经》。同时京剧也是中华文化最灿烂的瑰宝，生旦净丑、唱念做打，五颜六色的脸谱，鲜艳夺目的服饰。

（5）大一班舞蹈《弟子规》。

（6）小一班诵唱《三字经》。

（7）中一班舞蹈《游子吟》。

（8）大二班京剧表演《说唱脸谱》。

（9）小二班舞蹈《福娃闹春》。

第三篇章——尚美篇

孟子说："充实之谓美。""美"蕴涵着心灵美、语言美、行为美、环境美等丰富的内容；它既是外在的、物质的，也是内在的、精神的。"美"使生命充实了起来，与"崇真"互相呼应，互相补充。"尚美"不仅是人的天性，更是一种高尚的人生境界，教育就是温暖人心，美丽世界。

在本篇章里，孩子们用舞蹈《快乐的一天》《爱的华尔兹》《不上你的当》，展现出进入幼儿园的成长和与同伴一起游戏的快乐，幼儿园是美丽的乐园，幸福的家园，在幼儿园里健康快乐地度过每一天是孩子们最幸福最美好的事情。小班小朋友表演的舞蹈《小兔子采蘑菇》更是小朋友们表现出对童话森林和小动物的喜爱和向往。

（10）大一班舞蹈《快乐的一天》。

（11）大二班集体舞《爱的华尔兹》。

（12）小一班舞蹈《小兔子采蘑菇》。

（13）中三班舞蹈《我不上你的当》。

（14）教师舞蹈《天山脚下》。

第四篇章——至爱篇

哲学家说，爱是一种特料制成的媒介物，它使人容颜焕发，青春常在；文学家说，爱是一首激动人心的抒情诗，让人心潮涌动，热情澎湃；医学家说，爱是一剂千古难觅的心理良药，令人经络疏通，忧愁不在；教育家说，爱是一种无与伦比的教育手段，使人学业有成，精神百倍。我们提倡的至爱，是一种将心中所爱几近神圣化的情感感受，因为"疼爱自己的孩子是本能，而热爱别人的孩子是神圣！"我们的幼儿园教师所给予的爱恰恰就是这种神圣。

踮起脚尖，舞步飞扬，爱的旋律在你我心中回荡。不需要华丽的装扮，爱就是那般微妙，那般灿烂，那般美丽。小朋友们第一次和爸爸妈妈们在舞台上表演的《亲子圆舞曲》《宝贝宝贝》《左手右手》，就是大手牵着小手，彼此感受爱的力量，爱是人类最美的语言，只要人人献出爱，世界将会更美好。

（15）中二班舞蹈《左手右手》。

（16）小二班亲子舞蹈《宝贝宝贝》。

（17）中一班音乐剧《喵呜》。

（18）大一班亲子舞蹈《亲子圆舞曲》。

（19）教师独唱《越来越好》。

改革开放40年，我们伟大祖国缔造了伟大的时代！沐浴着党和国家大爱的阳光，幼儿园与伟大祖国同频共振，幼儿教育事业发展蒸蒸日上！全体教职工认真践行"四有"好老师标准，匠心塑人！孩子们感受着老师和全社会的教育、呵护，健康成长、全面发展！

30

第三章

健康摇篮

追求"健康生态、和谐自然"的发展之路

三明路幼儿园从2003年开始进行"健康教育课程"的可行性实践研究。历经17年，从教育理念、目标、内容、评价形成了一个比较完整的体系，曾在青岛市课程方案评比中获一等奖，经过2019年修订完善，《健康教育案例》获青岛市市南区幼儿园园本课程实施方案评选一等奖。课程研究是动态发展的，是一个建立在实践研究基础上的、持续的，不断完善的过程。

在课程的构建过程中，我们遵循幼儿健康教育的规律，即"认知—态度—行为"，把健康知识着眼于幼儿的内化程度，把健康态度的培养着眼于幼儿的情感体验，把健康行为的形成着眼于幼儿的自觉行动，构建我园健康课程，其目标体系的确立历经了以下四个阶段。

1. 第一阶段："自我健康"的阶段（2002—2005）

生命的健康存在是保证儿童全面发展的前提。在课程研发的初级阶段，幼儿园从孩子自我健康着手，将健康教育课程分为身体健康与心理健康两方面，在日常生活中渗透健康教育，常抓不懈。

2. 第二阶段："健康课程"的拓展阶段（2006—2010）

实施课程中，我们认识到：幼儿健康教育并非绝对单纯的健康行为培养，而必须帮助儿童初步感知生命的奥秘，与儿童健康有关的知识往往与日常生活密切相关，许多情形下儿童能够借助生活经验达到认识的目的。儿童的生活蕴含着丰富的健康常识，拓展环境中的健康教育、关注生活环境中的健康势在必行，健康教育课程从幼儿兴趣、需要出发，渗透在一日

活动的每个环节中，课程走出幼儿园，以熟悉的、真实的环境作为教育的资源和场所，形成了热爱自然、保护自然的意识。

3. 第三阶段：树立"全人教育"的健康观念（2010至2017年）

随着对《3~6岁儿童学习与发展指南》《幼儿园教育指导纲要》《幼儿园工作规程》的学习，幼儿园在以"提升幼儿的生命质量"为教育理念的基础上，进一步丰富课程内涵，丰实了树立"全人教育"的健康观念。"全人教育"是一种整合以往"以社会为本"与"以人为本"的两种教育观点，形成既重视社会价值，又重视人的价值的教育新理念。教育目标定位为：在健全人格的基础上，促进学生的全面发展，让个体生命的潜能得到自由、充分、全面、和谐、持续发展。在此阶段，幼儿园以尊重为前提，将关注孩子差异发展、主题适宜性为研究重点，不断匡正课程目标、优化活动内容与方法，提高教师课程构建能力。尝试开展性别差异教育及全纳教育，2016年成为青岛市特殊教育试点园，市南区医幼结合试点园，开始了新一轮的锤炼提升，课程的发展也向着锤炼提升的阶段进军。

4. 第四阶段：回归自然的健康课程（2017年至今）

"自然"是健康教育课程理念的浓缩体现，其内涵主要包含三个层面：一是自然、本真的环境。为幼儿提供真实的、丰富多彩的环境，从自然中吸纳丰富的教育资源为幼儿的发展服务。二是自然、生活化的学习方式。帮助幼儿用最本真、自然的方式学习与生活。三是教育要尊重幼儿自身需求，给幼儿提供更广阔的发展空间。

幼儿的健康教育要回归自然生命的本真状态，以健康环境、健康态度、健康行为为依托，使幼儿成为健康的追求者，为提高幼儿整体的健康素质打下良好基础。回归自然的健康教育课程研究突破了幼儿园现有健康课程框架的缺陷，有助于丰富健康教育的理论。

在健康教育课程引领下，先后承担了国家"十一五"科研课题——"幼儿数学教育的科学化研究""创造性美术活动内容、表现方式及指导研究""全国儿童期单纯性肥胖症调查及干预""青岛市3~6岁儿童气质行为问题调查与干预"等。经过多年保教结合、教养并重的研究和实践，取得了可喜的成绩，幼儿身高、体重、血色素年达标率100%。身高、体重增长合格率分别领先全市幼儿平均水平，幼儿整体的八项运动技能和水平远远高于幼儿园《3～6岁儿童学习与发展指南》标准，得到了青岛市区教研室专家和高校专家及家长代表的高度评价。

2019年市南区教育科学"十三五"课题"回归自然的幼儿健康教育课程研究"已结题，形成"健康教育课程"案例集共22本。

成果形式	成果名称	成果影响	取得时间
案例集	《海洋主题案例》大、中、小班共三本	有效地整合青岛海洋地域特色教育资源，丰富幼儿园健康课程内涵	2019.7
	《主题案例集锦》四本	补充了幼儿园健康课程，最大限度地尊重幼儿兴趣需要，激发幼儿发展的需求	2018.12～2019.10
	《幼儿园民间体育游戏》一本	汇总传统民间体育游戏中的精髓，丰富健康教育体育课程，深化体育活动的自然性	2019.7
	《健康教育课程文本资料集》两本	作为健康教育课程的辅助性教材，充实了课程资源，为教师科学方便使用教材提供帮助	2019.7
	《幼儿园一日生活小策略》一本	搜集整理教师一日生活各环节中的有效指导策略，为教师在日常生活中落实健康教育提供有效帮助	2019.11
	《幼儿园情绪管理绘本案例》一本	以关注幼儿心理健康为指导所进行的幼儿情绪管理指导策略研究，为教师在自然的方式下对幼儿进行心理健康指导提供帮助	2019.11
	《幼儿园挑战性体育活动案例》一本	突破幼儿园体育游戏传统玩法，拓展游戏难度与广度，以挑战性游戏的开展促进幼儿身体自然全面的发展	2019.11

（续表）

成果形式	成果名称	成果影响	取得时间
案例集	《幼儿园感统游戏案例》一本	打破教育活动与感统游戏界限，将感统游戏渗透入健康教育课程，在日常生活中实施全纳教育与生活感统训练	2019.11
	《幼儿园安全活动案例》一本	将安全教育以幼儿最有兴趣、最自然的方式展开，丰实健康教育课程中自我保护与安全教育的内涵	2019.11

回归自然的幼儿健康教育课程

回归自然的健康教育课程研究突破了幼儿园现有健康课程框架的缺陷，有助于丰富健康教育的理论，是在聚焦健康教育实施的层面上规范化研究、细化研究，构建一种科学的幼儿园健康教育体系，建立家庭、幼儿园、社区三位一体的幼儿园健康教育系统。

一、构建自然的园本课程，创设自主学习的成长空间

1. 完善主题课程，将健康课程搬进广阔的大自然

大自然是原型艺术家，他的艺术杰作山川河流、树木花朵带给幼儿美的感受，并能深入内心，对幼儿的成长有很多的帮助。浮山的自然环境是我们优质的教育资源，在春天万物复苏、百花竞放的时节，幼儿园开展了全园的森林日活动，幼儿徒步进山，按自己的计划和大自然来了一次亲密的接触。我们以亲近自然为主线，依据幼儿的兴趣设计实施了回归自然的系列课程主题。"秋虫和鸣""花开清谷天""夏满樱桃红""秋叶的秘密"……这些主题深受孩子们的喜爱。

2. 动态生成课程，让"健康课程服务于幼儿"理念落地开花

自然健康课程是以真正的对话情景为依托，在教师、幼儿、教材、环境等多种因素的持续相互作用过程中建构的课程，是健康课程的重要补充。我园要求教师对课程内容选择的具体体现为：两个优先、两种关系。两个优先：有利于幼儿发展的优先、幼儿当前喜欢的优先。两种关系：预设与生成的关系、个体构建与共同构建的关系。教师们结合班内幼儿发

展的实际情况、能力水平、兴趣方向，生成了"根的秘密""照顾螳螂宝宝""有趣的蛋"等与自然相关的主题活动，从自然环境入手观察探究，给予了幼儿丰富的感知机会，进一步拓展课程的内容，创新课程的开展形式，全面丰富了课程内容。

3.研发本土课程，集海洋资源为健康课程的第二课堂

青岛背山面海，美丽海洋成为青岛的城市名片，也为幼儿园走进自然的课程提供了丰富的素材。依托青岛本土资源优势，我们开展了系列海洋主题活动、海产品美食节活动。幼儿园从各年龄段孩子的兴趣与需要出发，有效地整合了幼儿园、家庭、海洋地域特色等教育资源，进行了小级部的"快乐亲子沙雕"、中级部的"同唱海味歌谣"活动，幼儿与家长收集并自创了富有青岛特色的海味歌谣，让幼儿在朗诵传唱中加深了对青岛本土文化的了解，感受身在青岛的家乡荣誉感。大级部幼儿以海边随手可见的材料，进行想象创造的"创意海洋美工"活动。幼儿园还通过走出去的方式，参观贝壳博物馆、海军博物馆。

4.突出环境课程，内化环保行为树立健康生活意识

健康教育课程倡导幼儿从接纳大自然的赐予，回归到为大自然尽一份应有的职责，在自我行动的过程中，体验人与自然的和谐相处。在健康教育课程中，我们以"行为健康"为目标，突出了"抓住契机、正面示范、渗透沁入、多重角度"的方式方法，始终如一的培养幼儿的健康态度与行为。例如，在"环保小卫士"的主题活动中，除了"给大树爷爷治病""白色垃圾在哪里""社区回收电池""清除小广告"等活动，教师与幼儿还拓展了班级环保公约、家庭环保公约的制定，设立了垃圾分类筒、了解了垃圾分类的方法。在"交通标志作用大"的主题活动中，设计了行走规则儿歌、开关门规则儿歌。这些规则的设计，调动了孩子积极参与的主动性，逐步转化成了孩子的自觉行动，提升了健康的行为。

综上所述，我园回归自然的健康课程让幼儿接触自然，感知自然，观察自然，注重通过对自然生活环境的认知、对自然景物的欣赏、培养幼儿

保护自然的意识。人与自然的互动是幼儿全面发展的重要条件，回归自然的课程则为孩子们点亮了一盏亲近自然、感受自然、探索自然、享受大自然的明灯，让幼儿在自然的状态下，用最自然的方式获得发展。

二、构建自然的体育活动，搭建健康体魄的造就空间

年龄越小的孩子，动作的发展越是与其思维发展的水平息息相关。运动的实施，可以使儿童同时获得有关身体、情感、知识和社会性的发展，对于促进儿童成为完整的人具有极其重要的价值。我园健康课程实施中，关注创设自然运动环境，开展丰富的运动游戏，更多的是让孩子回归"玩"这个自然的天性。

1. 激"趣"于环境创设中

在户外场地的整体布局上，我们认同"大课程、大户外"的教育观念，对全园户外环境进行了细致的研究和规划，投入近8万元创设了轮胎墙、木梯、抓悬架、钻爬网、攀登舱、足球场，体操垫等，整体场地规划分为钻爬区、攀登区、投掷区、沙水区、野战区、跳跃区（立定跳、跑跳）、自由活动区。幼儿园的户外场地可以是多变的、动态的，关键在于如何挖掘它的教育价值。我园专门成立户外活动研究小组，分层递进、现场教研，户外的每一面墙壁、每一个攀登架都被赋予了体育活动的价值，自编网绳创设的沙滩排球场、楼梯墙外的"捞鱼投掷"等，使户外活动场地变成了立体的、多层次、多视角的教科书，满足了幼儿多方面发展的需要。

2. 乐"趣"于材料投放中

每个孩子的发展水平参差不齐，如果都是统一户外活动的要求与标准，往往使能力强的孩子感到"吃不饱"，提不起兴趣，能力弱的孩子则"不敢吃"，丧失信心。因此我们改变过去"一刀切"的做法，将教育目标物化在材料上。使各种能力的幼儿都能体验到成功，建立运动的信心。如平衡区的挑担子小游戏，我们对挑的物品设计了三种，有"水桶"、有

"瓶子"、有"篮球小筐"，把平衡木设计了高、中、低三种不同高度，幼儿根据自己的能力，自由选择，满足了不同层次孩子的需要，提高了户外活动的效果。如幼儿园新架构的攀登轮胎墙，在最顶端设计上小锣，开展"谁能敲到小锣"活动；在原有的大型玩具太空舱中，教师和家长一起为舱洞制作布袋，设计游戏环节"运海洋球"，增添活动趣味。

3. 野"趣"于挑战自我中

幼儿户外运动最显著的特性是挑战性和野趣性，幼儿户外运动的发展目标应该是在充满童趣的基础上，在保底基础上的适度挑战。我们的挑战性体现在既有运动能力的挑战，又有现有经验的挑战；既有对运动技能的挑战，也有心理品质的挑战；既有简单的硬性攀登，也有轮胎、绳的软性攀爬；既有简单的单项攀爬，也有综合的挑战性创意攀爬。弥补了幼儿园原有材料的不足，同时锻炼了幼儿大胆勇敢、不畏困难的意志品质。

4. 承"趣"于传统经典中

中国上下五千年传承，传统的民间体育游戏是幼儿游戏的瑰宝。我们将中国传统经典游戏进行精选，纳入我园户外体育游戏中，让幼儿在传统游戏中回归本真。有徒手类游戏"贴膏药""锁城门"，也有器械类游戏"竹竿舞""攻打皇城"，各色传统游戏不仅让幼儿在走、跑、跳中锻炼了身体，也在游戏中体验了传统民间文化，传承了民间游戏的精髓。

三、构建自然的活动区，提供自然自主的发展空间

游戏是幼儿的天性，它与幼儿发展的关系可以概括为：游戏反映发展、游戏巩固发展、游戏促进发展，它是一种"重过程、轻结果"的活动。

1. 调整游戏材料，引发幼儿的自主创造

在研究中我们认为：以自然的生活环境为基础的思路与设计最有利于幼儿自发的探究与表现。因此我们格外注重引导孩子们去关注大自然和生活中的材料，关注自然式提供。如在班级里设立"百宝箱"，孩子们已经养成了随时收集各种生活材料和自然物的习惯，他们会将食品的旧杂志、包装盒，饮料瓶、盖子以及果壳、蛋壳、树叶、种子、石块等这些随手可得的自然材料分门别类投放到百宝箱内。在自然的材料提供中我们给予幼儿充分的自主权，让幼儿按自己的方式去探索、去学习、去发展，看似简单的材料却对促进孩子开拓性思维能力的提高起到了关键性作用。

2.调整区角活动模式，尊重孩子的自主性

针对我园活动室内外空间受限，将活动模式进行了两种调整：一是开展流动区角：创设了"快递公司""流动警察""流动医院""青岛港集装箱码头"等社会性区域，将教室内外的走廊、过道合理运用起来，成了快递路线、集装箱运送通道、交警处理事故的场所……又在户外场地创设出"青岛小导游""工艺品馆"等一系列区域，全面丰富幼儿的活动。原本作用单一的走道和玩法单一的户外区域的使用率大为提升，更丰富了孩子们的活动内容。二是开展区角互换日：每个班级区域设置各具特色，孩子们可以随意到其他班级畅玩，班级教师则为进入本班的"小客人"介绍区域玩法，指导幼儿的操作。幼儿能玩到的区域数量成倍增长，大大满足了幼儿活动的需要。

四、构建自然的心理课堂，搭建健康心理的成长空间

1.提倡和谐与爱，在"关注自我、关爱他人"中健康成长

在幼儿成长过程中，学会感恩和关爱是我们的人文需求，也是社会和谐发展对人的基本要求。在健康教育课程中更应该提倡关爱，如在主题爱心对对碰中，从关爱老人、关爱周围人做起，设计了相应的幼儿园大带小活动、关爱家人、评选爱心宝宝等活动激发幼儿的爱心。幼儿园孩子还积极响应向贵州捐衣物活动，奉献爱心。同时我们也认识到：尊重也是一种爱，尊重别人的劳动，感恩于他人的付出的观念体现的是日常文明的进步。幼儿园还实施抓住突发重大事件为背景，如地震等自然灾害，实施关爱教育，提倡健康社会的和谐之美。

2.尝试情绪管理，在"悦纳自我，良好交往"中健康成长

儿童对自己心里的感受、接纳程度，对自我情绪管理能力的高低，是衡量幼儿心理健康的一个重要标准。我们常以情绪管理的绘本、故事、歌曲、绘画等活动为载体，组织教学活动、生活活动、情景互动等多种形式的活动，培养幼儿自我情绪觉察能力，在情境中通过观察他人的动作、表情，觉察和猜测其代表的情绪。以参与性的表演体验和方法，使幼儿从对故事角色中的模仿中学习表达自我情绪，并通过在情境中将角色情绪的夸张化、形象化、具体化和动作化的表现，指导幼儿学习促进自己的积极情绪，控制消极情绪，避免采取赌气、愤怒、哭泣等消极的方式表达。在绘本和情境中体验情绪、控制情绪、表达情绪，对幼儿随着年龄增长需要识别更复杂情绪有很大的帮助。

快乐"森林日"，情动自然，悦享课堂

2016年12月份，我有幸随着青岛市名园长工作室去日本参观了广岛大学幼儿园、榉木森林幼儿园、著名的藤幼儿园等5所幼儿园，这5所幼儿园都是以自然森林为依托，非常重视通过丰富的自然环境资源促进孩子自主发展，让周边环境成为孩子成长的乐园。三明路幼儿园的健康园本课程经历了近20年的探究和实践，经过思考，我们重新对健康教育课程理念与发展进行定位。据调查，现代化都市家庭中，存在感统失调的孩子比例高达85%以上，其中约30%的孩子为重度感统失调，原因是多样的，有社会发展原因，也有家长过度保护原因。感统失调不会随着年龄的增长而消失，3~6岁的教育和训练是关键期，一旦超过12岁就会很难改变。因此，教育要发挥主导作用！

幼儿健康是人类生命质量得以提高的基石，增强幼儿健康，不仅能够造福幼儿，而且有益于多种成年期疾病的早期预防，幼儿健康水平的提高体现了人类社会的进步。世界卫生组织提出："健康不仅是躯体没有疾病，还要具备心理健康、社会适应良好和有道德"。一个健康的幼儿，既是一个身体健全的幼儿，也是一个"愉快""主动""大胆""自信""乐于交往""不怕困难"的幼儿。《幼儿园教育指导纲要》明确要求："幼儿园必须把保护幼儿的生命和促进幼儿的健康放在工作的首位。"《3~6岁儿童学习与发展指南》在健康领域中明确指出："健康是指人在身体、心理和社会适应方面的良好状态。"健康还是积极的情感态度、敢于尝试与探究，乐于想象和创造的良好品质。因此，要把幼儿看成一个发展的整体，教育要丰富且全面；强调自然与人类的和谐关系，人与自然协调地发展。

陈鹤琴先生提倡"活教育"，到大自然、大社会中去寻找"活教材"。大自然、大社会提供给幼儿的知识是最生动直观，最形象鲜明的，市南区三明路幼儿园地处浮山脚下，浮山的自然环境成了我们创新课程、得天独厚的优质教育资源，成就了我们健康与自然和谐发展的课程理念！

一、把"课堂搬进大自然"，丰富课程内容

伴随自然的天气、四季的变化，幼儿园每学期都会进行"森林日"活动，真正体现幼儿园健康教育课程下的自然课程。活动的宗旨在于通过浮山的自然资源和有利环境实施健康教育课程，鼓励幼儿在与人互动中形成团结友爱的集体意识，在与自然环境互动中亲身体验、观察发现、实践探究"大自然的秘密"，培养健康的身体、愉快的性格，懂得珍惜生命、敬畏自然。18世纪法国教育家卢梭说过：教育要"归于自然"，即以自然的教育为基准，才是良好有效的教育。

1. 在问题探寻中走进大自然

幼儿每一天都在封闭而又绝对安全的环境中，往往感受不到大自然带来的挑战，没有了新鲜感，也缺少探究的兴趣，生存能力也得不到发展。为了满足幼儿发展和需要的欲望，每次森林日活动中，幼儿徒步半小时进山，按自己的计划和问题，带着放大镜、小瓶子、铲子等工具和大自然来了一次亲密的接触。在浮山上，他们挖野菜，观察昆虫、植物，爬树、取山泉水、甚至钻木取火、利用太阳光反射助燃，他们的学习方式令人惊讶，积极地体验、探究、发现……

2. 将在自然中的发现搬进活动区角

大自然是一个天然的材料宝库，一草一木、一花一树这些最原始的物质材料都是极好的操作素材，对幼儿产生不可思议的影响，孩子们运用随手捡来的最自然的材料进行创造，如树枝、松果、贝壳、鹅卵石等，将这些有意识地融入幼儿的教育环境中，鼓励幼儿将大自然赠予的画笔、玩具进行创造，巧妙地融入幼儿园学习环境里，让幼儿爱上自然，爱上生活。

二、以体验式活动为根本，悦享绿色课堂

陶行知先生说过："花草是活书。树木是活书。飞禽走兽小虫微生物是活书。活的人，活的问题，活的文化都是活的书。"课程的基本着眼点是幼儿的兴趣和动机。我们把"课堂搬进大自然"，丰富课程活动内容，让幼儿在与自然的互动中，获得多方面的体验。

1. 情绪的体验

与微风相伴，与花草树木为友，幼儿背着简易装备以及自己拟定的原计划，带着兴奋、激动的心情，跟随大队伍徒步踏上了前往浮山的探索之路。途中幼儿紧紧拉住同伴的手，不让每一个好朋友掉队，一路上欢声笑语，途中累了就相互鼓励，过马路上看见来往的车辆紧张害怕，但是仍坚持保持冷静，一起静待信号灯。其中有好奇、惊讶，也有害怕、快乐。

到达浮山集体喊山，呼出身体中的浊气，呼吸山上的新鲜空气，使全身心得到释放，获得快乐。与大自然的"全家福"合影留念更是让幼儿产生一种幸福感、荣誉感，这是一起努力最好的见证。

2. 意志的体验

幼儿身边处处是电子科技产品，心不再安静，眼睛也被浮躁的心牵引，而纯净的大自然可以让幼儿的心灵慢慢沉淀，幼儿作为一个独立的个体，全程自己背着双肩包、跟随队伍，自己喝水、照顾自己，自己坚持登山不掉队，整个过程幼儿坚持负重前行、克服困难，学会了勇敢与坚持。

山上幼儿会遇到一些小小的挑战，比如没有台阶的沙土坡，有的幼儿从上面滑下来了，开始哭泣，但是很快就有鼓励的声音从同伴中传来："没关系，一点也不疼。"玩着玩着，他们开始把这个小土坡当作滑梯，面对这些困难不仅变得勇敢了，还学会了"苦中作乐"。

3. 生命的体验

在大自然中，幼儿的心情更开阔，他们直接与小昆虫、小鸟、花草树木接触，模仿小动物的声音与动作，看见小动物的生死、植物的生长与凋落，体验四季的变化，感受生命的意义。

4.探索的体验

幼儿在无尽广阔的大森林中释放自由的天性，根据自己带的材料，一项一项有目的地进行。小班幼儿挖野菜、找昆虫、接泉水装进自己的"百宝袋"中，趴在地上和小昆虫说悄悄话；中班幼儿挥舞着长棍"浮山论剑"，采一朵朵蒲公英将它吹散，探寻树洞和年轮的秘密；大班幼儿找火石尝试钻木取火，用放大镜打探石缝中的生命痕迹，静静坐在那赏景写生……大自然不愧为一个天然的"宝藏"。

三、以园本课程为依托，共建绿色家园

1.生成课程，亲近自然

幼儿园课程的内容是开放的、发展的，它有别于其他义务教育课程最大的一点是课程的内容是"活"的，是需要建构的。每次"森林日"活动结束之后，我们都会开启一场小小的交流会：你在大森林中做了什么事情？你是怎样做的？你有什么收获？……简单的交流使幼儿的经验得到梳理。大班幼儿将自己的活动变成了一幅幅生动的图画。

2.实际行动，回馈自然

生动的大自然课程不仅能开阔幼儿的视野，增长知识，更能增进师幼间的情感，让幼儿在与大自然的接触中感受人与自然的和谐，增强环保意识，同时增强幼儿爱祖国、爱家乡、爱大自然的美好情感。

四、以各方资源为切入，保障安全绿色出行

"森林日"活动的开展需要多方资源的介入与支持，形成教育合力，在最大限度确保幼儿生命安全的前提下，为幼儿的自然探索提供全面保障。

1.将"森林日"活动形成制度，实现常态管理

为了保障课程资源内容不断更新，我们将"森林日"活动形成制度固定下来。根据实际情况，具体规划各个班级活动场地和路线，确保森林日

行走路线、各级部路线图及定点图标，不断完善活动方案。

2.落实幼儿出行规划，提高安全意识

通过安全教育活动"我的浮山探险"，教师与幼儿讨论登山活动的注意事项，把安全措施做到细微处。以幼儿绘画或亲子作品形式表征登山需要准备的工具以及登山计划，如探索小昆虫、观察小树叶、坚持登山锻炼、上山寻宝等。大班幼儿还尝试设计"登山路线图"，为登山活动做了详细的规划。

3.利用多方资源力量，形成安全屏障

根据各班需求联系2～4名家委会成员当安全志愿者，联系社区派出所与交警大队，为"森林日"活动提出建设性意见，活动当天全园师幼从幼儿园集体出发，徒步半个小时到达浮山脚下，此过程中请求专业人士跟随，帮助指挥途中马路上的交通，推动"森林日"活动顺利开展！

生命在于运动，何妨亲近自然

王文媛

有幸读到《快乐"森林日"，情动自然，悦享课堂》一文，看到灿烂春阳下、烂漫春花中孩子们欢快的笑脸……由衷为三明路幼儿园点赞！作为一名儿童保健工作者，对引导儿童走出家门，进行户外探索，由衷地表示赞叹！众所周知，儿童期是人生发展的关键期，为其提供必要的生存、保护和发展的机会和条件，将为其一生发展奠定重要基础。改善儿童营养状况，提高体质健康水平，是实现社会可持续发展的基础。运动，尤其户外运动，是儿童生长发育的原动力，像营养和睡眠一样不可或缺，更具备不可替代的作用。目前我国儿童体质健康状况面临严峻挑战——儿童超重和肥胖问题凸显，近视比例居高不下。近年来青岛市儿童体检年报数据显示，肥胖、视力不良高居学龄前儿童疾病顺位前三位，这与大运动、户外活动不足有着密切关系。

儿保门诊实践发现，对儿童户外活动话题，家长的回答如出一辙——

外边冷，有雾霾（冬季）；风太大（春秋）；太阳晒（夏季）……一年下来适合孩子出门的日子不太多。家长态度如此，儿童户外活动量的多少也就可想而知了。令人欣喜的是，2018年6月9日，国内首部《学龄前儿童运动指南（专家共识版）》在京发布，针对3～6岁学龄前儿童，提出每天的运动指导原则和推荐量：全天内各种类型身体活动时间应累计达180分钟以上，中等及以上强度身体活动累计不少于60分钟；每天至少120分钟的户外活动，特别强调若遇雾霾、高温、高寒等天气，可酌情减少，但不应减少每日运动总量。同时强调学龄前儿童屏幕时间、久坐行为持续时间均应限制在60分钟内。

　　运动能完善学龄前儿童的大脑功能，有利于其认知情感和社会化能力的全面发展，学龄前期积极参加体育运动的孩子比总是静坐少动的孩子在今后更容易取得优异的学业成绩。专家提醒仅"注重智力开发"的家长们，最好的智力开发方式就是让孩子愉快地玩耍、积极地运动。学龄前儿童究竟该如何拓展户外活动？幼儿园在这方面可做的工作有哪些？三明路幼儿园给了我们很好的回答和示范！

放大镜中的小昆虫

看谁走得快

摸摸大树皮

小昆虫在干什么

细化生活策略　打造健康课堂

《幼儿园教育指导纲要（试行）》要求教师："既要高度重视和满足幼儿受保护、受照顾的需要，又要尊重和满足他们不断增长的独立需要，避免过度保护和包办代替，鼓励并指导幼儿自理与自立的尝试。"结合健康课题研究，我们开展了一日活动研究教研专题会，进行生活活动策略研究，针对幼儿园一日生活各个环节的指导策略，总结了系列指导经验。

"我能做主"源于我们关注为幼儿创设本真的发展环境，让幼儿参与班级管理，体验自主带来的成就感。教育需要更加宽松的民主氛围，让幼儿学习自主自立，我们的教育就需要放长线钓大鱼。全园班级无论大小班，凡是孩子能做的事情我们都放手让他们做，如代替老师晨间点名、协助老师准备播放器进行音乐播放、做午睡小故事的播讲员、"老师小助手"每日轮岗制等，让幼儿在民主的环境中收获自信。

"甜蜜午睡"是我们关注孩子、关注健康教育理念的体现。面对起床后表现不一的孩子，如何满足他们的不同需要？帮助他们逐步唤醒身体维护身体健康呢？我们尝试通过睡醒后2分钟的"午睡起床操"，让孩子们跟着柔和的音乐，给身体一个健康的指令，帮助幼儿逐步唤醒身体器官，同时也满足了爱动、动作过急以及赖床不起等不同幼儿的需要，有效地促进了幼儿良好习惯的养成。

"趣味点名"源于对主题课程的深层挖掘，通过不同形式的与幼儿互动，让点名环节丰富起来。如关心点名的尝试是在基于对暂时生病的孩子开展的，让孩子感受关心同伴，水果点名是应用于我们的主题活动"好吃的食物"中的，教师喊幼儿的名字，孩子就用自己知道的水果来回答，点名活动的挖掘尝试，提高了幼儿倾听老师与观察同伴回应的能力，也让老师有了研究的热情与成就感。

"温馨进餐"是我们积极落实《纲要》精神，充分尊重孩子幼儿自身需要，让幼儿用最本真的方式学习理念的落实。如幼儿加餐午餐的环节，取用幼儿设计绘制的温馨桌牌；人性化的"朋友共餐"，打破固有模式与座位，孩子自主选择找好朋友说悄悄话；"人小本领大"通过幼儿自取加餐、最大限度地支持他们自己动手拿餐具、盛饭菜、端餐盘、品尝食用、送餐具等，享受、体验自助式午餐的整个过程；"文明小使者"设定生活活动习惯规则为孩子营造一个轻松、舒适的氛围，将"餐饮之礼"落实到实践中。

"观寻散步"源于回归自然课程在生活中的延伸。通过分析饭后散步存在的几点问题，从观（自由自在的观察）、寻（散步中的寻找发现）、乐（散步中的快乐游戏）、感（感受体验大自然的美）展开一系列的散步活动，丰富了散步活动的内涵。

"快乐离园"是基于我们对一日活动易忽视的薄弱环节的细致化研究。离园这个常被忽视的环节，其实蕴含着丰富的教育契机，开展有的放矢的活动，让幼儿愉快地度过在园的一日生活。"开心说再见""我们互帮忙""快乐播报"等活动的尝试，鼓励幼儿回望一天的活动，感受在园生活的快乐；在相互的督促与帮助中，体验相互合作的有趣……为幼儿在园的一日生活画上一个圆满的句号。

海漾童心　多彩童年

近年来，幼儿园积极响应青岛市市南区号召，在开展海洋课程研究的大背景下，借青岛得天独厚的环境资源和海洋文化，以健康教育课程为引领，创立海洋教育项目组，开展适宜幼儿的主题课程活动内容，将海洋特色教育带入幼儿园为幼儿埋下一颗钻研海洋知识、研究蓝色海洋的"种子"。

"海漾童心，多彩童年"的海洋游戏，以"最美青岛、风光无限"为主题的丰富室内游戏与"野趣无边、醉美童心"的户外游戏相依托，遵循幼儿的兴趣、需要，关注对本土海洋文化的研究，让幼儿的游戏更加生动、丰富、有趣，有利于激发幼儿关心海洋、热爱海洋、热爱家乡的积极情感，在游戏中获得更多新的经验。

一、室内游戏篇——"最美青岛，风光无限"

1. 前海沿美食餐厅

青岛盛产各种美味的海鲜，青岛人"靠海吃海"，对于海鲜有着独特的喜爱。"美食餐厅"活动中的鱼虾、螃蟹、贝类等各种仿真海鲜，引导幼儿再现生活场景，丰富幼儿的操作体验。孩子们在扮演服务员、厨师、顾客等角色的过程中，增添了经验，潜移默化加深了对家乡特色美食的认识与了解。

2. 北海船厂

船对于生活在海边的孩子来说，并不陌生，不论是近在身边的帆船、渔船、游艇，还是在博物馆以及港口停泊的货船军舰，都是幼儿生活中比较熟悉、易于了解的资源。将"船"融入幼儿的游戏中，依托青岛本土资源创设的"北海船厂"区域活动，引导幼儿利用各种废旧大小不一、形状不一的纸盒，纸杯，纸棒，磁力片、彩色纸条等材料，通过自己的设计，表现对船的丰富想象。

3. 海洋旅行社

青岛是一个美丽的海滨城市，有着多处国家级的风景名胜区，孩子经常跟随家长在岛城的各个景点游玩，特别是"五月的风""奥帆基地""海上崂山""八大关"等，他们总有说不完的话语。社会性区域"海洋旅行社"，在分配导游、游客角色，制定旅行路线和旅行计划中，将"海底世界"——"青岛风景"——"北海船厂"——"美食餐厅"等区域游戏进行大融合，幼儿在"导游"的引领下，参观每个区域的"景区"，与同伴交流互动游玩经历，尽情表达自己的感知与感受，从而体验作为一个青岛人的自豪感。

4. "船儿乐悠悠，遥遥相远航"

"纸棒船儿建"：报纸根根卷，报纸根根连，看我们巧手来搭建，船底报纸根根紧相连，船帮报纸高高叠，一根挨一根，看我们建起家乡船，船儿悠悠渐相远，让我们一起走进蓝色新时代，感受家乡报纸船的魅力大无边吧！

"管子节节建大船"：白色管子真好玩，看它在我们手中变变变！管子是一种装饰建筑材料，需要我们同伴一起来合作，我们通过延长、铺平、盖顶、拼插、围合、垒高等方式，运用组合、拼插、排序、对称等结构技能，把握平衡，建造大船喽！

5. "唯美海味T台秀，'海'翻全场"

海味T台，我们的主场！穿着爸爸妈妈和我们一起制作的海洋特色服装，伴随着《海草、海草》的音乐，我们边唱边演，瞧瞧这群可爱的海洋精灵，喜欢扮演各种生物，喜欢一起在海洋中畅演，互相邀请、互相问候，在自导自演中，商量、协调分配角色，一起创造出内容充实、有新意又有趣的游戏！

6. "蓝色漩涡，转出龙卷风"

有人说，我们是天生的科学家，有着与生俱来的好奇心和探究欲，喜欢用大量的时间探索、认识周围的未知世界……这些，与科学家是不是很像？一起来看看我们创造的龙卷风吧！瓶子转转转、旋涡变变变，龙卷风儿快出来，让我们一起来探索海洋风暴的奥秘吧！

7. "棋"开得胜

"小船翻翻乐，'棋'乐无穷"：这是小朋友之间的对决，轮流翻开两个纸盘，不争也不抢，让我们先翻棋寻找一样的轮船或军舰，如果翻开的一样就可以获得两个棋，如果不一样再重新合上，继续玩下去，最后谁得到的棋多谁获胜呦！

"海洋保护棋，'棋'鼓相当"：岛湾存大美，俯仰皆奇观。这么美的海洋，这么美的物资，我们这些小孩童也能做到"棋"鼓相当，跟着棋盘上的"家乡旅行棋"，一起到家乡游一游；跟着"海洋安全棋""海洋翻翻乐"，一起了解海边游泳安全小常识，看看海洋生物图，认认我们身边的小海鲜，我们轮流掷骰子走棋，带着大家领略青岛的秀丽风光吧！

8. "海洋美工，创意无限"

海洋广阔而神秘，蕴藏着许多的秘密！走进神奇的海洋创意中，去动手创造出每一个令人心动的作品。一把盐、一个瓶，生活中常见的材料能在海洋中挥洒自如，表现出盐画的魅力所在；一支竹签在黑色的纸上刮出远在海底又近在眼前的海洋美景；小贝壳经过粘贴、上色、组合，根据造型再变化，一幅幅的贝壳创意作品映在眼前；太空沙的软硬和环保，给孩子们多了一些动手和创造地选择，把沙子印成不同的形状，五颜六色的彩沙搭配装饰成一个精彩的场景。自然界的海洋再大也有边际，而艺术创造中的海洋永无边际，大海的魅力激发了幼儿对大海的热爱，在艺术的创造中体会海洋的博大情怀。

二、户外游戏篇——"野趣无边，醉美童心"

1. 魅力青岛港

大海对孩子的吸引不仅在那些神奇多样的海洋生物、酣畅淋漓的海浪之约，海面穿梭的船只更是神秘莫测。在大海上，按照旗语的指令行驶才能遵守海上的交通规则，安全行驶。小旗手抬头挺胸，正熟练地指挥船只停港靠岸、装卸集装箱，按照航线行驶，手中的小旗在上下飞舞着，格外鲜艳。

2. 多彩的造船梦

多彩的搭建材料构筑幼儿多彩的搭建梦想。大型纸盒、积木、奶粉桶、薯片桶、雪花片等多种材料的投放，满足孩子在搭建轮船时整体造型以及精致装饰上的要求。叠高、围拢、对称等搭建技巧逐渐提升。故事与搭建的碰撞与融合，让搭建变得生动有趣，海洋皇宫、美人鱼的家展现了孩子们对海洋美好的向往。

3. 旱船新花样

旱船是中国民间表演艺术形式之一，在陕西、山西、河北境内各地都广为流行，这是一种模拟水中行船的民间舞蹈。在孩子们花样的行船中迸发出别样的欢乐与味道；在奋力前行中，享受别开生面航行旅程；在与同伴的合作中，感受团结的力量。

4. 海底小纵队

"海底小纵队，发射台集合！"这次的任务是沙池寻宝，一组队员负责藏宝，另一组队员进行寻宝，小小的一方沙池，承载孩子们无限的勇气与喜悦。把孩子们的海洋探险梦融进沙池游戏中，每一次的游戏都为幼儿开启一场刺激的冒险之旅。

5. 创意沙雕

当柔软的沙子遇到灵气的双手，就会迸发出梦幻的创造火光。五月的风、栈桥、专注的眼神、灿烂的笑容、忙碌的小手都在向我们诉说着那份纯真的喜悦、满满的成就。

游戏精神应是自由的、自主的、创造的、愉悦的。创设丰富多样的游戏环境，让幼儿运用多种感官，在生活中、游戏中学习，才能使幼儿不断获取新的经验，让幼儿真正成为学习的主人。

缤纷六一节 童年不同样

伴随着天使们的欢声笑语，六一儿童节如期相约，作为幼教工作者的我们，面对一群群小可爱，总想把最好的给她们，看着她们笑着、跳着、享受着，心花怒放……让我们珍惜每一次表达爱的契机，为身边的孩子们创设一个有仪式感、有成长、有温馨的不一样的六一吧！

沙滩运动会

海边永远是孩子们快乐的天堂，沙滩是孩子们开心的游乐场。

2004年的六一，幼儿园的沙滩亲子运动会在海边举行，与海相伴，与沙为舞。

我们的沙滩亲子运动会，把每位爸爸妈妈的心都和孩子紧紧相连在一起，平时工作的繁忙很少带孩子们来到沙滩，而全园师幼与家长相聚在沙滩更是前所未有。大人们和孩子们在一起玩耍，觉得自己也活力四射了，好像回到小时候。亲子游戏"袋鼠爬"将整个气氛推向了高潮，所有人如同孩般童真快活，"挖沙淘宝"更是增进了孩子们之间的感情。就这样每个人都在热火朝天地玩着，共同拥有了一段难忘而愉快的六一儿童节！

沙滩运动会

趣味联谊会

亲子活动越来越受到年轻爸爸妈妈的重视。2013年的"六一"儿童节，幼儿园制订了亲子运动会活动方案，创设和谐温馨的教育环境，让孩子和家长们度过一个难忘的节日。

亲子运动会以级部为单位开展，教师们精心设计的运动项目让家长和孩子们兴奋不已。运动会上"救宝宝""树袋熊""推小车""夹球跑""小脚踩大脚""拔河"等项目更是让家长大开眼界，和自己的宝宝同台竞技。亲子运动会不仅增进了家庭成员之间的亲情，更加深了家园的联系，加深了教师与家长的了解和沟通，同时也增进了师生之间的感情。

同时，我园幼儿还参加了市南区托幼办组织的庆六一绘本讲演、绘画比赛，童话剧《小熊请客》《小熊拔牙》《乌鸦面包店》获得银奖，童话剧《一只小猪和一百只狼》《喵呜》获得铜奖。

精彩瞬拍

2014年的六一儿童节，幼儿园围绕"安全有序、体现快乐、展示成果、和谐共赢"的目标规划，向家长们展示了幼儿园户外体育游戏的研究成果，看到了孩子们在健康成长中敢于挑战、在挑战中充满快乐。在片片欢声笑语中，在爸爸妈妈、老师同伴的陪伴中，孩子们度过了一个快乐的节日，无数的镜头，记录下了那一幕幕精彩瞬间。幼儿园举办了"快乐六一，精彩瞬拍"摄影大赛，记录下孩子们最美、最开心的一瞬间。

我做小主人

"宝贝，六一儿童节，你最想做什么？"相信孩子们的答案如出一辙："玩！"2016年我们把玩的天性还给孩子，举办了"快乐六一我做主"系列活动，活动分为室内情景场馆和室外阳光游戏两大主题，让孩子们自己做主一次，过一个"随心所欲"的儿童节！

室内情景场馆设有彩砂馆、陶泥馆、彩绘馆、乐高玩具馆、创意馆等；室外的阳光游戏创设了露营休闲区、CS区、花样泡泡区、水战区、滑板车区、游乐场等。

伴随着欢快的音乐，孩子们打破年龄和班级的界限，各自来到自己喜欢的场地，和好朋友一起游戏并且认识了新朋友。在游戏中，孩子们的天性和童真得到尽情释放，在尊重、自主、健康、快乐的氛围中度过了快乐的节日。

童心欢歌

2017年6月1日上午，青岛市卫生计生委党委书记、主任杨锡祥，来到青岛市卫生计生委幼儿园，和小朋友们一起欢庆"六一"儿童节。

鲜花、气球、红毯、城堡、米奇和米妮，节日的幼儿园如梦幻般的童话乐园，孩子们身着节日盛装，畅游在这梦幻乐园中，纯真的笑容洋溢在每一个孩子的脸上。杨主任一行在王秀云园长的陪同下，饶有兴趣地观看了幼儿园以"健康教育课程"为特色的蓝天下游戏：写生、沙池、水嬉、野战、露营、卡通巡游、淘气堡嘉年华……和孩子们一起度过快乐的节日。

幼儿园还举办了第一届"六一"童声合唱节，为六一的到来添彩助力。孩子们在节日里尽情地表演、游戏、充分体验节日的快乐，在积极参与中感受到了成功和快乐，感受到了集体合作的力量，学会了坚持、学会了表达爱、学会了大胆地展示自己，给幼儿的童年生活留下了美好的回忆，愿这份童真和快乐伴随着孩子们不断成长！

童话乐园

2018年我们举办了一场别开生面的庆"六一"游戏活动，让孩子们玩出精彩、绽放心飞。

一进幼儿园的大门，孩子们就看到幼儿园已经变成欢乐的游戏乐园，而老师们早已装扮可爱的卡通人物，在幼儿园门口迎接他们，与孩子们一起合影留念。

活动分为室内场馆和室外游戏两大主题。室内场馆设有美术、手工坊、粘贴工作室、乐高玩具屋、管弦音乐会；室外的场馆设有露营基地、野战、戏水乐园、淘气城堡、玩具迷宫等，让孩子们真正地投入游戏中，畅游在游戏的乐园中。同时，小朋友们还聆听了青岛市委书记张江汀带来的六一节日祝福！

孩子们通过游戏学会合作分享、学会关爱交往，体验到"六一"儿童节的快乐，感受童年的幸福与美好。

勇敢小战士

对于孩子，过节就是开心玩乐。2019年，校车一大早就带着我们远离城市喧嚣，来到了具有野战场景的中国青少年国防教育基地。

穿上小军装，戴上红五星的帽子，孩子们瞬间神采奕奕，由教官带领在红旗下唱起义勇军进行曲，时刻牢记今天幸福生活的来之不易，牢记解放军叔叔们千辛万苦保家卫国。

他们年龄小、动作慢，但是很勇敢、不放弃，在教官的鼓励下穿越了障碍。"低头，弯腰，拿好枪"教官一声令下，一起出发，躲避敌人，为胜利而战斗。在尘土中奔跑，在障碍下穿越，跌倒，再爬起来！此时此刻，这些小小的身影都是棒棒的小解放军，祖国需要你们，向前冲吧！

"六一"儿童节是孩子们的节日，他们在活动中感受集体合作的力量，学会坚持、学会表达爱、学会大胆展示自己，为童年生活留下了美好的回忆，愿这份童真和快乐将伴随孩子们不断成长。

童年梦想 毕业启航

曾在这片土地上成长的你，是否还记得幼儿园那些年的一个建筑、一个玩具、一首歌还有爱你的老师？是否还记得在这个家庭中经历的精彩瞬间？是否还珍藏着一张富有纪念意义的毕业照片？

绽放的花蕾
——青岛市卫生局幼儿园2011届大班毕业典礼

2011年7月11日，卫生局幼儿园大班毕业典礼在海明威大酒店隆重举行。家长、孩子、老师着正装和礼服，踏着红地毯步入会场。在老师的引领下，孩子们穿过快乐之门、成长之门、希望之门，从园长老师手中接过鲜红的毕业证书，正式结束了3年的幼儿园生活。毕业典礼上，园长老师的殷切期望和班主任老师的深情寄语深深感动了所有的家长和孩子们。而孩子们为老师献上鲜花和手捧蜡烛演唱《感恩的心》，让老师们深感欣慰。毕业典礼上家长代表也发表了感言，同时也向幼儿园赠送了锦旗，对三年来老师的辛勤付出表示感谢。

为孩子们举办一场温馨难忘的毕业典礼，让孩子们经历成长过程中第一次学业庆典，树立自信心，培养感恩情，为孩子们的幼儿园生活画上圆满的句号，是我们全体教职员工的最大心愿。

放飞梦想　快乐成长
——青岛市卫生局幼儿园2013届大班毕业典礼

2013年7月12日，青岛市卫生局幼儿园在青岛国墩大酒店幼儿园迎来一场隆重而温馨的毕业典礼，让孩子们感受人生第一个学业典礼。

孩子们牵着爸爸妈妈的手，身着礼服，脚踏红毯，在签到簿上签名后，款步走进会场，拉开了毕业典礼的大幕。老师们身着礼服的亮相，让孩子们兴奋不已，园长老师和家长们的寄语，饱含着长辈们的殷切期望，班主任老师的毕业赠言，道出了依依不舍的深情和祝福，真情流露出的母爱如小溪般缓缓流入每个人的心田。家长代表赠送了锦旗，表达对幼儿园和老师的感激之情，小朋友还将自己的书法作品送给老师。

从园长老师手中接过毕业证，那一刻，我们的孩子真的长大了，已经做好了展翅飞翔的准备。孩子们为老师献上鲜花，表演了大合唱《不老的老师》，表达了纯真的感恩之心。大家一起享受着甜蜜的蛋糕，祝福孩子们健康成长，甜蜜幸福。

相信从卫生局幼儿园毕业的孩子们，经历过这场隆重、温馨的毕业典礼，一定会更加自信，懂得感恩，以最好的状态迈入小学的大门。

浓浓情　梦飞扬
——青岛卫生计生委幼儿园2015届大班毕业典礼

昔昔离别情，难忘幼儿园。2015年7月17日，青岛市卫生和计划生育委员会幼儿园的大班幼儿、家长、老师们欢聚在一起，度过了难忘而又美好的一段毕业时光。

伴着欢快的音乐，毕业仪式拉开了帷幕，王园长真挚致辞，她向即将成为小学生的小朋友们表示最热烈的祝贺，向给予幼儿园工作支持和鼓励的家长们表示了诚挚的谢意。家长代表发自肺腑的感慨，饱含对幼儿园及老师的感谢，也说出了孩子的成长历程和对老师浓浓的爱，这些深深的话语感动了在场的每一位家长。大荧幕上不断滚动孩子们的照片，让每个孩子回忆起在幼儿园中的快乐成长的历程，孩子们向老师和家长们深情的演唱了歌曲《毕业歌》《不老的老师》，表达自己对老师的爱和对幼儿园的不舍之情。最后我们在毕业蛋糕前许下成长的愿望，在快乐的冷餐会中分享美食，感受同伴间的美好友谊。

三年的幼儿园生活即将结束。但孩子们逐梦的风帆才刚刚起航，衷心祝福可爱的孩子们，在未来的日子里展开双翅，飞得更高更远！

健康成长　勇敢飞翔
——三明路幼儿园2019届大班毕业典礼

毕业，一个让人百感交集的词语，成长、爱、感恩、留恋、欣喜、祝福、希望……都汇聚在一起，它让每一个身在其中的人回味无穷。2019年6月28日，三明路幼儿园大班的小朋友、家长们、老师们一同欢庆孩子们人生启程中的第一个告别仪式——大班毕业典礼。

一个个可爱的小天使、小绅士牵着爸爸妈妈的手，款款走上红地毯，走过成长门，迈向新的征程，整个幼儿园弥漫着感动与温情，愿这份美好的祝福陪伴孩子们不断成长，快快乐乐地踏上新的征程。

毕业典礼正式开始，王园长首先致辞，她满含深情的话语蕴含了对孩子们深切的爱和衷心的祝福，感谢三年来家长对幼儿园工作的大力支持与配合，为孩子们送上了美好而又温馨的祝福，对孩子们寄予了殷切的希望！

两位大班家长代表的发言，道出了所有家长们的心声，感慨孩子们三年的成长进步，感谢幼儿园、老师们为孩子们的辛勤付出。十名家长代表全体幼儿与家长，向王园长、大班老师们一一赠送锦旗，表达对幼儿园、对老师的感激之情。

伴随着荧幕上孩子们三年的成长相册，王园长为小朋友们一一颁发了毕业证书，这是充满幸福与温馨的时刻！两位班主任老师依次上台发言，讲述着和小朋友在一起的三年时光，为孩子们送去了深情的寄语及祝福。三年的爱，三年的朝夕相处，三年无怨无悔的付出化成了离别时无数的心酸、不舍！

"时间时间像飞鸟，滴答滴答向前跑，今天我们毕业了"……这是最后一次集体表演，歌曲《不老的老师》《毕业歌》及诗朗诵《毕业诗》，尽情展现了孩子们闪亮的一面，伴随清脆的童声毕业典礼落下了帷幕，为孩子们的幼儿园生活画上圆满句号。

最后老师们和家长、孩子们在教室里，一起分享毕业蛋糕，举行了冷餐宴会，回忆着三年过往、惜别着此情此景、畅想着未来生活，伴随欢声与笑语、感动与不舍，进行了最后的告别。

虽然是在雨中举行，丝毫没影响孩子和家长们的热情，预示着在今后的人生道路上，无论经历什么样的风雨，都阻挡不了我们前进的目标，阻挡不了我们追逐梦想的脚步。

30

第四章

教学心语

爱的港湾

爱　以分离为目的

　　世上所有的爱，几乎都以聚合为最终目标，只有一种例外，以分离为最终目标，即父母对孩子的爱。父母对孩子真正成功的爱，是让孩子尽早作为一个独立个体从父母的生命中分离出去。

——希尔维亚·克莱尔

　　这是英国心理学家希尔维亚·克莱尔一段很有名的教育箴言，我曾一度认为，这段话仅是写给父母的，并在历届幼儿园新生家长会上引用。现在我觉得，这段话不仅仅是写给家长们，也是写给迎接新生的老师们的。

　　十月初的一天，幼儿园院子里悠扬的早安音乐响起，入园一个月的新小班孩子们大都顺利的离开家长，叽叽喳喳地走进教室，"老师早上好！"的问候声此起彼伏。我班门口忽然传来刺耳的哭声，同班的李老师说："快去门口接一下吧，肯定是贝贝来了。"我忙迎出门去，果然，贝贝正紧紧地搂着妈妈哭着说："妈妈，我要回家！"看到我来了，贝贝恋恋不舍地从妈妈身上松开手，习惯性地把身体向我怀里蹭过来，小手熟练地攀在我的肩膀上，我伸出手顺势抱过了她。贝贝妈一脸无奈和感激地对我说："真谢谢你和李老师了，你们就是贝贝幼儿园里的妈妈。"听到家长这话，我心里美滋滋的，嘴上谦虚地推让着。贝贝妈走后，李老师语重心长地说："咱们对贝贝的态度，该变一变了。"正在沾沾自喜的我一愣，心中很不以为然。李老师像是看出了我的心思，认真地说："你仔细回想一下贝贝的表现吧。她对咱们的依赖，已经有点过度了。"

听了李老师的话，我冷静地回想起贝贝在幼儿园的种种表现。

早餐时间，贝贝看着饭碗里的饭不动手，眼睛含着泪水看着老师。李老师走过去询问她，她马上抽泣着说："老师，我吃不上。"多次鼓励都不管用后，怕饭菜凉了她吃了会不舒服，李老师端起饭喂她。有了老师喂，贝贝很快就吃完了饭。

户外活动时，无论适应得好坏的小朋友都能离开老师去玩大型体育器械了。贝贝却拉住我们的手，所有的活动都不想参与。我们一离开她做别的事情，她就会跟在后面一路小跑，边跑边伸着手大叫："老师你领着我！""老师你抱抱我！"我们想劝她去玩一玩玩具，转移一下注意力，她就哭着把我们所有的建议都加上个"不"字。看她拒绝得那么坚决，我们便一直牵着她的手，这里转转，那里看看。一旦我们因为别的事情离开她，她就会哭闹。

区域活动时，贝贝坐在距离老师最近的椅子上，看别的小朋友玩。我鼓励她去拿个喜欢的玩具玩，她摇摇头说不玩。我看她一直盯着小朋友玩套塔玩具，就帮她也拿来一个，贝贝拉着我的手示意我跟她一起玩，我不参与她就说不会玩。我不愿让她自己呆呆地坐着，只好拿起套塔跟她一起玩……

想到这些，我忽然明白了李老师的意思。贝贝看上去与妈妈分离了，实际上是在幼儿园重新找了一个妈妈。我们宠爱贝贝、处处为贝贝思考，因为她拒绝独立、拒绝融入新环境，我们就一味地顺应了她。这不就是一个不想放手的妈妈对孩子做的吗？我们不正是在以爱的名义，拒绝与贝贝的分离吗？与李老师讨论和达成共识以后，我们调整了对待贝贝的策略，逐渐让贝贝从我们的"爱"中分离。

1. "冷处理"与"热加工"

"冷处理"即幼儿个体或幼儿间有问题发生时，不急于马上处理，而是放一放、"降降温"后再进行处理，是我们常用的一种处理幼儿问题的方法。这种方式对于不能很好自控、容易任性、不能很快发现自己的问题的幼儿非常有效。但我们不能忽略的是"冷处理"后，应当适时适度的"热加工"，即等幼儿冷静后及时与幼儿交流，描述他的问题所在，让他感受老师对他的关心和爱。只有这样，才能让孩子们在被冷处理后依旧能感到被爱和被关怀。在处理贝贝的无理哭闹时，我们也发现一味地安慰只会让她更加依赖，无法平复。我和李老师就统一了策略，在贝贝无理哭闹时，都采取借故离开的冷处理方法。等到她的情绪平复一点的时候，我们便回来。首先对她不哭了表示赞赏，然后会告诉她，我们都很喜欢跟她在一起，但有很多时候有事不能一直陪着她，希望她自己也能开心地玩。

2. "带我玩"到"自己玩"

幼儿园里有许多玩具和大型体育器械，孩子天性是喜欢玩的，对幼儿园新鲜玩具的喜爱是让很多小朋友留恋幼儿园，喜爱来幼儿园的重要原因。贝贝从来没有主动玩过这些玩具和器械，但从她看小朋友玩的眼神中我们知道她一定也想玩。可能是从小接触的少，她不知道该怎样玩、有的可能还不太敢玩。户外活动时，我们就先鼓励着带她走上滑梯，然后搂着她坐到滑梯上滑下来。几次之后，看到贝贝的脸上显露出兴奋和开心。我们就又领着她上了滑梯，鼓励她自己滑下来。感受到滑梯刺激有趣的贝贝，虽然有点犹豫，但是勇敢地滑了下来。到最后，我们鼓励她独立去滑滑梯的时候，贝贝也不拒绝了。就这样我们带领贝贝熟悉每一种玩具，虽然这个过程比较漫长，但我们循序渐进地让她一个个尝试着幼儿园的体育器械和玩具。她也从每天需要老师抱着，到跟在老师身边，再到可以离开老师周围去玩玩具，有了很大的进步。有时候，贝贝甚至会主动询问我们："老师，我们出去玩玩吧？"

3. "同伴帮"和"老师夸"

研究表明，同伴间的相互引领学习对幼儿适应新环境有很好的作用。因此我们充分运用同伴引领的方式，帮助贝贝融入环境。例如，在区域活动时，我们仍鼓励她参与游戏，当她拒绝时，我们就找一个外向积极的小朋友邀请她一起玩。我们发现贝贝对套塔和套盒特别有兴趣，就让小朋友把套盒摆出各种有趣的玩法，带着贝贝一起玩。一开始贝贝虽然没拒绝同伴的邀请，但只是在一边看着。过了一阵，小朋友排列套塔时弄不清大小顺序，怎么也排不成高塔。聪明的贝贝忍不住伸手过去帮忙排好，成功的快乐让两人一起开心地拍起手来。一次次的引领让贝贝越来越感受到与同伴一起玩的快乐，从与一个同伴一起游戏，逐步拓展到与其他伙伴游戏、交往。

表扬奖励的方法是幼儿园最行之有效的方法。看到贝贝的进步，我们都尽量能给予表扬和鼓励。贝贝受到表扬一般脸上不会表现出来，但她会在妈妈接她时第一时间展示我们奖励的小粘贴。妈妈还说，贝贝回家会把小粘贴都粘在墙上，不让扔掉，可见她已经认可了老师对她的要求，也越来越融入幼儿园的氛围了。

4. "走出去"与"请进来"

贝贝的家庭环境比较特殊，因为她的父亲驻外工作常年不在家，母亲是医院护士，经常夜班。几乎没有跟妈妈一起睡觉的成长经历让贝贝非常缺乏安全感。而从小带大她的姥姥性格内向，不爱外出交往，于是3岁之前贝贝都是被圈在家中长大。我们与贝贝的妈妈交流，请她尽量克服困难，多抽时间带贝贝"走出去"与"请进来"。"走出去"是多带贝贝到图书馆、儿童乐园等儿童多的场所，增加她与陌生人交往的机会，在热闹的氛围内感受与他人一起玩的快乐。"请进来"是我们帮忙推荐外向易交往的或者贝贝比较喜欢的小朋友，由贝贝妈邀请他们到家里和贝贝一起玩。在幼儿园之外的地方与班里的小朋友一起玩，是最容易加速幼儿间亲密关系的方法。班里其他小朋友没参与的玩耍经历让贝贝感受到自己与同伴们的关系更近了一步，远比在幼儿园共同交往的方法更快了。跟班里同伴一同去游乐园的方法更是整合了"走出去"与"请进来"的优点，让贝贝迅速地在班里发展了几个很要好的朋友。

半个多月过去了，贝贝每天来园仍旧要跟妈妈腻一下，但妈妈或姥姥走了也不会哭泣，来了不要求老师抱了。原本上课从来不参与活动的她，也开始跟老师、小朋友一起参加活动了。老师提问她时，虽然有些犹豫，但她也能起来回答出问题。

看着贝贝一天天从我们身边"分离"，开心之余，我们更陷入反思：小班幼儿进入幼儿园，从家庭这个熟悉的小环境，进入一个陌生的大集体，难免会产生焦虑、不安，继而引发哭闹。作为小班老师，应该以爱心和耐心为孩子们营造一个温馨的环境，用自己的爱帮助孩子们尽快喜欢上新环境，建立对幼儿园的安全感。但不该忽略的是，孩子们进入幼儿园，不仅仅是为了离开父母，更重要的是离开他们对成人和环境的依赖，去获得独立生活的体验，获得集体交往的体验。因此老师对他们的爱，应该是建立在理性思考和科学指导上的，是不同于妈妈对孩子无原则的爱。我们应该更注重孩子的独立，让我们的爱作为鼓励、作为支持，成为她独立的动力，让我们的爱激发他们成功与我们"分离"。

给自己找一个爱他的理由

在幼儿园中，很多老师都会喜欢守纪律的孩子，因为这样的孩子听话、好管教、让老师省心，因此它们常常被老师挂在嘴边受到表扬。而我却恰恰相反，特别喜欢那些天真、活泼、好动、甚至是经常给老师"惹事"的幼儿。因为我觉得，对待那些过于"活泼、爱动"的幼儿，需要老师以平等的，朋友、伙伴的身份，行使有别于一般幼儿的普通的教育和引导方法，通过这种平等伙伴关系，帮助其引导意识而使其行为上产生循序渐进的转化，逐步改变其过于"活泼、爱动"的习惯，使其融入班级整体活动中。

今年在我新接的小班孩子中就有一位这样的小男孩，他不仅活泼爱动，而且常常给老师制造些小的"恶作剧"。比如，在大家一起游戏时，他趁老师不注意就会到处乱窜，让老师到处抓他，累得老师满头大汗；教育活动中有时他会站着听，有时他会趴在桌子上听，还有的时候他会钻到桌子底下与你玩"捉迷藏"；玩玩具时，他又常常将玩具扔满地。可能由于他的过分爱动引起了大家的注意，在幼儿园里已经小有名气，大部分老师认识他，几乎每个家长每天都会从孩子口中听到关于他今天的壮举。

如何教育这样一位刚刚三岁的"自由兵"？我的切入点是——首先，和他交朋友，他特别喜欢小动物，他了解的动物知识也很丰富。于是不管我在忙什么，他问的问题多么幼稚，只要是关于动物的知识我一定给他解答。慢慢地，他喜欢上和我交流。碰到他吃饭吃到一半吵着肚子难受不想吃了时，只要我问一个动物之事，他的情绪马上就会稳定下来。

其次，找他的优点，并使其发扬光大。根据一段时间的观察，我发现他很聪明，反应能力强。比如班上的门被风吹并发出响声时，我们常把里边的插销插上，有时老师从门外回教室，外面的老师会轻轻敲门或向里招招手，示意小朋友过来开门，三岁的孩子大多猜不透老师的心思，可班上这位所谓的"自由人"会飞快地跑过来，给老师打开门，这时我便过去亲他一口，并伸出大拇指以示鼓励，让他感受到跑过去做了一件正确的事，老师就会喜欢我！班上有的幼儿吃饭时会有呕吐现象，老师想拿餐巾纸帮小朋友擦嘴，但是手空不出来，这个小"自由人"一定会在第一时间把纸递到手上，老师感动得连声道谢。

最后，帮助其交朋友。经过仔细观察，我发现他特别喜欢交朋友，人缘好。有一次，班上的小澈因生病几天未来园，当小澈来园时，他主动走上前去迎接，并拉着他的手认真地说："你怎么了？我都想你了"。当小澈告诉他自己生病了，他马上补充上说："你要多喝水，多吃水果和蔬菜这样就不会生病了。"当时我看出了他此时的心情，他确实是很想念小澈小朋友，同时他也希望从小澈那里得到相同的友谊。于是我问小澈"是不是你在家里也非常想念小朋友？特别是衡衡？"听到我这样说小澈赶紧回应"是的"这下衡衡开心得跳着跑开了。还有一天早上开饭时衡衡迟迟不吃，他说要等到他的好朋友来了一起吃！一次次的观察，一次次的发现，让我对这个小"自由人"有了新的了解，一次次的鼓励给了他自信，一次次的肯定使其获得了积极的情感体验，从而使他产生更多的积极行为，并帮助其改正了不少缺点。短短的几个月下来，他的进步可不小，他再也不一人跑出去让老师追来追去；也知道玩玩具时用一个拿一个，掉到地上的还能主动捡起来把它们送回家。现在他再也不是以前我们眼里的那个"自由人"了。

一位专家曾这样讲过："要善于发现孩子的闪光点及独特价值，为每个幼儿提供表现自己长处和获得成功的机会，增强其自尊心、自信心，使美好的教育得与独特发展。"换一种目光看孩子，换一种方式与孩子沟通，将带来意想不到的效果！

老师的"小尾巴"

与尚尚第一次见面我印象很深。入园第一天，好多的孩子都在哇哇大哭，与陌生的环境、陌生的老师抗争，只有瘦弱的尚尚，在离开妈妈的那一刻，很安静、没流一滴泪，保育孙老师顺利地将他抱入怀中，吃饭、喝水……任其他孩子如何发泄，他始终那样安静。直到上午加餐时间，孙老师刚离开尚尚，准备去取水果时，突然他像小宇宙爆发一样，"嗖"地一下跳起来、边跺脚边摆手，哭喊着"别走，别走……"没办法，孙老师只好领着他一起取加餐，接下来的一上午就会看到，教室、伙房总会有一大一小的身影前后出入，甚至连孙老师去厕所，小家伙也要寸步不离……

第二天早上，是我接的尚尚，他依然很安静地依偎在我的怀中，就像一只温顺的小猫咪，"我左他左，我右他右"，倘若分开刹那间他的小宇宙又爆发了。

尚尚每次吃饭时，必须有一位老师单独陪着他、喂着他，即便兼顾一下其他孩子，也必须紧挨着他坐；睡觉时，必须有老师哺乳式地抱着他、搂着他入睡，若朦胧中睁开眼睛看见老师不在身边，立马清醒站起来哭，下床找老师；游戏时，自己不玩，也拒绝和其他小朋友玩，老师去哪儿必须跟到哪儿，就像老师的"小尾巴"……一旦他的"必须"未得到满足，瞬间会变成另一种形象。

在入园一周后我突然意识到，为什么一个天天黏着老师、事事离不开老师的孩子，每次小便都是尿在裤子里的？尚尚除了极度缺乏安全感，是不是还有其他的问题被我忽视了？看来我要关注他的行为细节，一探究竟。

第一次老师提醒孩子们上小便时，我轻声地问尚尚："尚尚，想不想小便？"，他说"我没尿"，结果没过两分钟他哭着告诉我"我尿裤子了"，我低头一看，地上一滩；第二次提醒他上小便时，他又说"我没尿"，可没多久"哗啦"一下又尿裤子了。多次之后，我干脆不问他了，直接领他进厕所、脱下裤子，谁知他紧张得马上提裤子说"我不尿尿"，结果……此时此刻，我决定有必要和家长进行深入沟通了。

在与尚尚妈妈的交流中，我将原因归为两点。其一，包办代替极其严重，孩子已经三岁了，却一直如婴儿般被妈妈和保姆呵护着，喂水喂饭，睡觉不是搂着就是抱着，如厕只会坐在马桶上。其二，爸爸不懂与孩子相处，严重干预孩子的自由。爸爸是中年得子，社会地位较高，满足孩子的物质需求却很少与孩子交流，并以"爱"的名义，剥夺了孩子自主与同龄人和外部环境相处的权利，造成孩子的"安全岛"就是成人。

爸爸的不会爱与妈妈的过度爱，形成强烈对比，使得孩子性格柔弱、自我怀疑、缺乏独立与自主。当他走进幼儿园这个小社会时，就会严重缺乏安全感，加之与同伴的自我对比，更是产生一种羞耻感，不利身心健康的发展。

所谓"冰冻三尺，非一日之寒"，对于尚尚这种适应很慢的孩子，我们的教育不能急于求成、拔苗助长，要尊重孩子发展的连续性与阶段性。依据马斯洛的需要层次理论，我决定采用一种"螺旋上升式"的教育方式，即当低级需要得到满足后，再逐渐实现上一层需要的满足。

倾注无声的爱　建立稳固的安全感

每天早上接尚尚时，我都会用很惊讶的语气说："呀，今天尚尚是高高兴兴来幼儿园的，快过来老师抱抱！"然后我会紧紧地领着他的小手，陪他吃饭、喝水、上课。这时我想起来尚尚妈妈提过，家里有一套做饭的仿真玩具，尚尚很喜欢在里面炒菜，于是我决定从角色游戏入手，悄无声息地拉近我与他之间的距离，感受到幼儿园里也有"母爱"。我们在厨房一起帮家人准备饭菜,"尚尚,帮'妈妈'把西红柿洗洗拿过来。""尚尚,'妈妈'炒好了,拿过来一个小盘子。""尚尚,快把饭菜摆在桌子上,叫'爸爸''爷爷'过来吃饭……"在我的带动下,娃娃家热闹起来了,每个人都玩得兴致勃勃的。

为了帮助尚尚正确认识自己的感觉与情绪,我从书库中借了几本有关情绪管理的图书,包括《我不会害怕》《我的感觉》等,每天和他读一本。在分享故事《我不会害怕》时,我悄悄地问他"老师很害怕晚上一个人在家,尚尚会害怕什么呢?""我害怕妈妈走。"他用弱弱的眼神看着我,令人心疼,我把他抱在怀里温柔地告诉他:"妈妈没有走,尚尚上幼儿园时,她会偷偷变成'小太阳'钻进你的心里。不信你摸摸,这儿是不是暖暖的,那是妈妈在里面。"

对孩子来说,幼儿园是一个陌生的环境,我们要努力让他们在这里找到一个"安全岛",那就是老师。久而久之尚尚就会意识到"老师在身边就可以安心、愉快地玩耍,周围没有危险、同伴没有恶意",初步解除心理防备,建立安全感。

鼓励互动的爱 获得归属感与友爱

当尚尚的情绪处于一种较为安定的状态下,我对他的零距离陪伴转化成有一定距离的眼神陪伴。户外游戏时,我们经常会玩一个小游戏"找朋友",老师和孩子们一起说儿歌:"找找找,找朋友,找到朋友抱一抱……"起初我会和尚尚一起找小朋友抱一抱,慢慢我鼓励他"尚尚和妞妞抱一抱,变成好朋友。"只见他小眼神一点也不离开我,小步子却慢慢移向妞妞那里了,渐渐地,尚尚认识的小朋友越来越多了。每次活动后我都会问他:"你这么开心,去哪里玩了?和谁在一起玩的?"他也会和我及时分享和小朋友们一起玩耍的快乐。

当孩子熟悉新环境后,我们要懂得慢慢解除他对老师的过分依恋,通过环境影响感染孩子,实现归属感与爱的需要。

给予有形的爱　实现自我尊重

尚尚可以依恋老师，但不能依赖。精神分析家埃里克森认为，幼儿期是孩子自主性——羞愧或怀疑自我性格形成的关键时期，因此，我们要鼓励他做力所能及的事，帮助孩子逐渐认识自己的能力，养成自主的性格。

一段时间下来，他的话语开始转变为"今天我是自己走进来的""我把饭全吃了""衣服是我自己挂的"……可见，他现在认为自己做事情是一件很光荣的事情，不再怀疑自己的能力，形成"我能"的自信心，尊重的需要得到一定的满足。

每个孩子都有自己独特的芳香，"狂风暴雨"易催"花"，不如做一位春风化雨、润物细无声的老师，带着一份真诚的爱走进童心世界，在点点滴滴中伴他成长、静待花开。

慢下来欣赏错过的风景

上帝给我一个任务，叫我陪一只蜗牛去散步。蜗牛已经尽力爬，为何每次总是那么一点点？我催它，我唬它，我责备它，我拉它，我扯它，甚至想踢它，蜗牛受了伤，它流着汗，喘着气，往前爬……好吧！松手了，让蜗牛往前爬，我在后面生气。我该怎么走呢？教育孩子就像牵着一只蜗牛在散步，作为教师，我们陪伴孩子成长，就是一次牵着"蜗牛"散步的"慢养"之旅，领着孩子慢步前行，收集沿途的风景。

——题记《牵一只蜗牛去散步》

由于学龄前幼儿身体各肌肉群没有发展完全，身体灵活性、协调性、平衡性相对较弱，思维处于形象直观阶段，缺乏逻辑性与抽象性，这就需要老师的教育，找到适合孩子心理与生理的、并能被他们所接受的引导方式，帮助他们逐步认识、理解这个世界，就像牵着一只蜗牛去散步，与其说是教，不如说与幼儿一起成长。

刚刚成为一名幼教工作者，从学生到老师的转变是我这半年以来慢慢在消化、接受的事实，虽然也实习过，知道幼教工作很辛苦，但是只有当你真正体验过才会有那种实实在在的感情，理解幼儿园老师是多么不易又是多么重要。不是旁人眼中点点滴滴的劳累，是累并快乐着的甜蜜；不是一起游戏的快乐，是一起成长的努力；不是严肃的训责而是心系幼儿的紧张。当你面对那一双双天真无邪的眼睛时，所有的乌云都会消散，当下想做的只是为他们好、对他们好、要他们好。但是我们再怎么理解孩子，还是无法完全了解孩子们天马行空的思维、想法，也无法体验想做而做不到、做不好的着急与努力，因此我们会着急甚至会生气，可等我们转过来一想，其实他们就是孩子，还需要学很多的孩子，需要时间长大的孩子，所以我们不是单纯的教育者而应该成为一位慢下来、蹲下来与孩子一起成长进步的引导者、支持者。

尊重孩子的热情

对孩子来说，当老师或者父母愿意倾听自己的发现时，他们会永久记住这一时刻。班里有个内向的小孩，每次区角活动他总是自己拿一个玩具，安安静静地在桌子上玩，偶尔会玩得很起劲，旁若无人地喃喃自语，一次出于好奇我走到他身边坐了下来："你拼的是什么呀？我猜不出来呢？"他猛然抬起头来，眼睛里闪烁着自豪的光芒，"我告诉你，我这是秘密城堡，能阻挡任何的怪物！""怪不得看起来很厉害，要不你向我介绍一下吧！"在我们成人眼中，这就是歪歪扭扭的叠高，没有任何的美感和技术可言，但在他眼里却有非凡的意义，在他的介绍中所有的结构名称一应俱全，这时我才发现真的很厉害，竟有这么多的玄机在里面，由衷佩服孩子的想象力。

其实无论在何时，当孩子们的热情很饱满时，一味地逼迫孩子接受标准化的规则是不公平且错误的，尊重孩子自由大胆的创作与想象热情才是理解孩子的重要途径，是陪孩子成长的基础。

陪孩子去欣赏"风景"

一次户外活动，临近结束集合站队时，刚巧有一只喜鹊停在旁边的墙头，孩子们突然惊呼着，欢喜着，叫喊着："看！一只喜鹊，它好漂亮……"由于时间到了我没有多想，就着急地督促："小朋友们，抓紧时间站队了！"然而孩子的兴致没有丝毫减弱，可还是迫于无奈慢吞吞地站队了，看着孩子们极不情愿的样子，我想，也许应该给他们些时间，就领着孩子们一起去观察喜鹊，他们叽叽喳喳地议论着，脸上洋溢着开心与满足。当时我在想：这不就是我们成人想追求的吗？我们成人因生活压力总显得急急忙忙，盲目地烦躁，不停地追逐，没有留下欣赏世界的时间，逐渐忘记它有多美、多奇妙，忘记它有绚丽的色彩、美丽的喷泉、绿树成荫的大道、五彩缤纷的花朵、美妙的音乐、鸟儿的啼鸣……而孩子是经常能够发现这些的。

当我们停下来、蹲下来与他们一起欣赏他们眼中的风景时，就会发现另一番别样的景色，我们会抬头发现天是那么蓝，偶尔的几朵云是那样的美；我们会弯下腰闻闻花香，原来有那么多品种；我们会注意到冬天真的来了，树叶落光只剩光秃秃的树枝……感谢孩子的提醒，让我们知道每天出现在身边的风景如此美好；感谢孩子的提醒，让我们可以静下心来看看别人也看看自己。

接纳孩子的点滴进步

俗话说：罗马不是一日建成的，孩子亦是如此，也需要一步步地进步。冬季拍球活动开始了，有的孩子在家练习过，拍起来得心应手，一次拍三四十个不成问题，也有的是第一次练习，显然有些吃力。浩浩还不会拍球，却一直在努力，把球一扔，手开始拍，因为力量不够技巧不对，总是拍两下球就跑远了，一连几天他一直像这样尝试着，却丝毫无进展。于是我决定去帮他，开始我信心满满，可没想到第一天、第二天、第三天……还是没学会，我有点着急了，最后就放弃了，想着算了让他自己慢慢来吧。过了几天，我发现浩浩能拍四五个了，只是还不太稳定，经常追着球满地跑。又过了几天，我惊奇地发现，浩浩竟然会拍球了，姿势动作很标准，而且测试时拍了五十六个，这让我很佩服，虽然老师不帮助他了，但是他慢慢地、一步步地向前努力着，最后成功了。

作为老师我触动很大，孩子毕竟是孩子，好多事大人都需要练习很久才学会，又何况孩子呢？我们经常过于急躁，没有给孩子足够的时间让他成长让他进步，总是想赶着他追着他，却忽略他们自己也在努力着，忽略他们点滴的进步与成长。

教育孩子就像牵着一只蜗牛在散步，和孩子一起走过他孩提时代和青春岁月，虽然也有失去耐心的时候，然而，孩子却在不知不觉中向我们展示了生命中最美好的一面。孩子的眼光是率真的，孩子的视角是独特的，我们可以放慢脚步，把自己主观的想法放在一边，陪着孩子静静体味生活的滋味，倾听孩子内心声音在俗世的回响，给自己留一点时间，从没完没了的生活里探出头！

生活影像

散步中的新尝试

饭后散步是幼儿园一日活动的环节之一，同时也是我们易忽视的环节，如何有效利用十分钟，使简单的散步环节生动有趣起来呢？我们进行了一些尝试，充分挖掘该环节的教育潜能。

一、观：自由自在地观察

1. 散步中观察

季节的特征变化是活动主要内容，如天气转暖，地上的小草有明显的色彩变化，可以让幼儿观察它们的形态，这时候教师就可采用拟人化的语言激发幼儿观察的欲望，适时发展孩子的语言能力，及时引导幼儿与师生进行交流，提高幼儿观察能力。

2. 在观察中比较

季节特征不明显的时候，我们可以将数学活动的知识技能运用到观察比较树木的数量，让幼儿自由地点数树有多少棵？用目测的方法比较树木的高度、粗细、颜色的深浅，使幼儿从不同的角度去认识、比较事物，从而获得更丰富的知识，在不断的观察中了解事物的特征和结构。

二、寻：散步中寻找发现

1. 步中发现

在散步时，幼儿对地上的蚂蚁、爬行的蚯蚓、背房子的蜗牛都非常好奇，此时我们教师就应该抓住时机，与他们一起观察，共同讨论它们的外形特征和生活习性。

2. 步中思考

散步环节的节奏是舒缓放松的，有时候难免会看见调皮的孩子在一旁追赶跑闹，不仅破坏了活动，还影响了饭后消化。我发现他们对踩影子感兴趣而引起追逐，就引导他们关注影子的长短变化，什么地方有影子。幼儿还发现了灯光下有影子，路灯下也有影子。

三、乐：散步中的快乐游戏

1. 步中对答

通常我们采用"问答歌"的形式在散步中展开活动，通过词语接龙的游戏使每个幼儿都在活动中互动起来，以"开火车"的形式进行接龙组词，丰富了幼儿的知识，发展了幼儿的思维能力。

2. 步中自主交往

大班的幼儿可以自己组织游戏，于是我们尝试角色游戏"去旅游"。与幼儿一起商定幼儿园内的旅游路线，每个幼儿都可以轮流做导游进行解说，在导游的解说带领下有趣的散步。这样的散步活动可以培养幼儿的组织交往能力、自主游戏的能力等。

四、感：感受体验大自然的美

看到春天的景色，花儿开放，枝头长出绿芽，风儿一吹，树叶翩翩起舞。在诗意的环境下就可以朗诵或者仿编有关景色、季节的诗歌，用自己的肢体语言来表现大自然当中的情景及变化，让他们在欢声笑语中交流。

我们和小苗苗一起长大

大自然是最好的妈妈，同时也是孩子们最好的玩伴。这个学期我们很幸运分到了阳光和位置都绝佳的一大块种植区域。在接下来的五个月时间孩子们尽情体会到了与大自然亲密接触的乐趣。

《幼儿园教育指导纲要（试行）》中指出，"引导幼儿爱护动植物，关心周围环境，亲近大自然，珍惜自然资源"。种植园地是以小见大，让幼儿身体力行的最佳场所。为了能使小二班的宝宝们更好地享受到种植的乐趣，我们幼儿园的园丁周爷爷成了我和孩子们共同的老师，三十多岁的我和四岁的孩子们一起从头学"种植"。

在真正种植前，我们班的宝宝了解了中国的二十四节气，如惊蛰和谷雨的含义，知道不同植物的种植因时节而异。在周爷爷的指导下，我和孩子们将菠菜小种子细心地用干净纱布包好后泡在了水中。几天后的谷雨，我们在户外的种植区里种上了菠菜。

每天孩子们都很想去看看自己种的菠菜，早晨一吃完早饭就跟着老师去给小种子浇水，一开始六天小菠菜种子都没动静，孩子们着急了，"我们的小苗苗怎么还不发芽""它们不会是睡着了，不醒了吧"……我跟孩子们说："小种子不是一种上就会发芽的，要给它喝足了水，它们会慢慢发芽长大的。"这天周三，也是种上小种子的第七天，孩子们惊奇地发现，菠菜种子发芽了，孩子们别提有多高兴了，他们兴奋地招呼小伙伴一起来看，有的孩子还一本正经地提醒："小声点，别把小芽芽吵坏了！"有的孩子还问："为什么大葱、香菜和胡萝卜没有发芽啊？"我就耐心给孩子们解释："有的蔬菜种子很勤快，比方说刚刚发芽的菠菜种子，在土里喝饱了水就想着赶快钻出土来和太阳公公打招呼；而有的种子呢，就懒懒的，比方说我们种下的大葱种子，就出芽得晚一些。"孩子们认真听着观察着。孩子们为蔬菜宝宝们浇水的劲头更足了。到了第十一天的时候，早晨浇水的孩子们高兴地回来报告："我们的大葱种子发芽了，胡萝卜的苗子长高了！"

每天早晨分组给菠菜及其他蔬菜浇水。一天，虎子说："为什么每天都要给菠菜浇水啊？"没等我回答，朝朝说："我们一次给菠菜浇很多很多水，就不用每天再浇水了。"我听了后，耐心给孩子们讲解："菠菜还有其他的植物，像我们小朋友们一样每天都要喝水，要晒太阳，这样他们才能长得壮壮的。不能一次给他们浇很多水，就像小朋友一次不能喝很多水一样。"孩子们在种菠菜的过程中学会了许多以前从不接触的知识。

下过雨后的菠菜地里长了许多杂草，于是雨后的除草活动成了孩子们又一游戏内容。孩子们蹲在菠菜地旁边小心翼翼地拔着杂草，有很多孩子一开始只把杂草的叶子掰下来扔到一边的垃圾桶，我想告诉孩子们杂草如果不除根很快又会长出来的。但我忍住了，第二天孩子们在种观察菠菜的时候"惊奇"地发现原先没有拔掉根的小杂草又长出新的叶子，他们也从实践中得出拔草不除根是不行的。

在观察和照顾种植区里的蔬菜时，孩子们同时也观察到了以前不曾注意到的小昆虫们。孩子们常常是这样交流的，"瞧，那里有只西瓜虫。""哦，西瓜虫原来喜欢待在这种湿湿的土里""看，那只有很多很多腿的大虫子是什么？"（老师："那是只蜈蚣。它会捉害虫吃。小心哦，惹急了它，会咬人的。"）"哦，原来蜈蚣有那么多的腿啊。""蚯蚓真的在土里钻进钻出，把土吃到肚子里又吐出好多土，很勤快呢。"很多孩子要求把蜈蚣和菜叶上的蜗牛养在我们的窗台上，于是我们班的饲养角多了很多虫宝宝，原来很惧怕小虫子的果果、小宝和添添等小女孩也不是那么害怕虫子了，经常到饲养角去观察我们班里养的那些可爱的虫虫们，看看它们又在吃什么。我有时在想，或许达尔文和法布尔小时候也有一块和孩子们一样的只属于自己的种植小天地，所以才有了后来的《物种起源》和《昆虫记》吧。

　　在孩子们的种植活动中，最成就感和喜悦感的就是收获了，我们在种下菠菜种子的32天后，孩子们惊喜地发现，菠菜长得足够高和足够绿了，终于可以收获菠菜了。孩子们都高兴地欢呼起来，体验到了从"有机蔬菜基地"里收获菠菜的乐趣，孩子观察到了，菠菜根是嫩嫩的粉色，拔菠菜的时候要手握菠菜根将菠菜拔出来。收获菠菜后，孩子们忙着回教室跟着老师学摘菠菜、洗菠菜，孩子用自己小手将菠菜的老叶子和黄叶子摘掉，将摘好的菠菜洗干净，用自己的汗水一点一滴收获着。午饭前孩子们认真地看老师做菠菜汤，并品尝菠菜汤。以前不喜欢吃菠菜的海贝和雅慧，喝了两碗菠菜汤。孩子们在种菠菜收获菠菜的过程中，学习到了如何与伙伴合作为蔬菜浇水，用自己的眼睛去观察、发现并探索植物在生长过程中的秘密，并深刻了解到每一种食物都来之不易，我们班的孩子都爱上了吃菠菜，孩子们在种植菠菜的过程当中收获满满。

　　我们班的孩子在种植菠菜的过程中探索了菠菜的生长奥秘，孩子们在种植过程中留心观察大自然中的有趣事物，培养了他们的观察能力，同时也锻炼了孩子们的动手能力。

遇见樱花　播种希望

在这个春暖花开的季节里，幼儿园里的樱花盛开了。户外活动的时候，孩子们悠闲地坐在草地上一边享受着暖暖的阳光，一边饶有兴趣地听着我讲故事。正当我带着孩子们来到樱花树下做游戏时，不知道是谁喊了一句："快看！樱花开了！"孩子们的目光被吸引过去了，我还没开口，只见孩子们已围了上去，纷纷抬着头开始欣赏樱花，我来到他们身旁，不禁也被这春色深深地吸引。

学习不是苦差事，人生来就是具有学习的天性。之所以许多孩子对学习感到厌烦，皆是错误的教育方法所致。斯宾塞认为，教育应当是快乐的，孩子只有在安闲、自在、快乐的氛围中，才会很轻松地学习和掌握知识。

活动花絮一：樱花真美丽

几个孩子在欣赏完樱花后，抵挡不住诱惑捡起了飘落在草地上的樱花瓣，"我们一起捡花瓣吧！"我的一声令下，引来了孩子们的欢呼，他们飞快地跑开了，开始蹲在草地上捡花瓣。"樱花有几个花瓣？""樱花的颜色是怎样的？""樱花的花蕊是什么样子的？""你闻到樱花的香味了吗？是什么味道的？""为什么会落花瓣？"我一连串问了孩子们好多问题，孩子们沉浸在捡花瓣的兴奋中，开心地告诉我他们的每一个发现，也在不知不觉中回答着我的问题，加深了对樱花的了解，有几个女孩时不时地还跑到我身边，让我看看她们戴在头发上的樱花呢。

孩子们有一双发现世界的眼睛，用孩子的眼睛看世界，世界简单有趣，充满"诱惑"。户外活动可以给予孩子更多的空间以及和自然界接触的机会，给予他们在教室里所不能获得的经验。我在本次活动时对幼儿提出的问题并没有直接揭晓答案，而是引导幼儿自己动手动脑去发现、去思考、去探索，在实践中寻找答案，同时也培养了幼儿自主探索精神，让幼儿在探究中感受大自然的奇妙。

活动花絮二：多变的樱花瓣

"数一数，你捡到了几片花瓣？""可以让这些落下来的花瓣变成什么造型呢？"我的提问引发了孩子们的积极配合，大家都用手里的花瓣开始拼摆图案。不一会"花瓣小鱼""花瓣小船""花瓣太阳""花瓣小花""花瓣毛毛虫"都拼好了，孩子们简直高兴得不得了，互相讲述着自己的花瓣造型故事，和小伙伴们分享自己的快乐。

《幼儿园教育指导纲要（试行）》中强调："在活动中要突出幼儿自主性、创造性"，在拼拼摆摆的过程中，才能真正体现幼儿的主体性，促进他们发展。幼儿在探索活动中，愉快地、独立地获得学习经验，使他们的独创精神和动手能力得到了锻炼。

活动花絮三：我是环卫小工人

户外活动时间马上结束的时候，我请孩子们帮我一起将散落的花瓣打扫干净，这时孩子们就发现一片片地捡花瓣，速度太慢了。于是我启发大家可以用什么方法能捡得快一点呢？安安大声说了一句："我们用小推车运送花瓣吧。""对对，可以用小推车。"大家附和道，我说："这个办法真的很不错呦！让我们一起来做环卫工人清扫起来吧！"孩子们听了我的话，一边说一边就干了起来，有的将花瓣放在手心中用双手捧着，有的将捡的花瓣放到推车里，几个男孩用小推车将花瓣倒入树坑里。在倒的过程中发现对于小班幼儿来说，一个人是很难操控小推车往外倒东西的，孩子们在商量过后，三四个孩子齐心合力将小推车里的花瓣倒了出来，当完成任务后大家都高兴地拍起手来，我是看在眼里，乐在心中。

当孩子们自发地寻找最快清扫花瓣的办法时，老师没有硬性要求他们去怎样做，而是"放任"他们并和他们一起想办法，老师是支持者、合作者；当孩子们找到好办法时，教师适时地引导让孩子在游戏情景中锻炼了动作、发展了语言和想象力，教师又是引导者。

活动花絮四：花瓣拼贴画

回到教室，孩子们将一片片飘落的樱花花瓣收集起来，在简单的清洁处理后，准备好纸张，进行了"花瓣拼贴画"的手工活动，让这些凋零的樱花花瓣拼贴出妈妈美丽的花裙子，有的孩子还进行了再创造，将美丽的花瓣拼贴出纸上的"美丽樱花树"。

爱因斯坦说过："兴趣是最好的老师"。幼儿的兴趣点是他们主动学习的起点，由幼儿的兴趣点引发的教育才能成为幼儿主动学习的内部动机。花瓣拼贴来自幼儿的生活，为幼儿所喜欢，拼拼、贴贴、画画又是他们喜欢的活动，因此本活动的组织充分满足了幼儿的兴趣与内在需求。

活动花絮五：我是护花小使者

虽然我们是小班的小朋友，但是我们也有一颗爱护绿色家园的心。在大家的倡议下，我们一起绘画了《美好的心愿卡》，把心愿卡挂到小树旁，争做一名护花小使者，倡导大家爱护花草，努力做小小志愿者，让我们的家园更美丽。通过这个心愿卡活动，活动得到了升华，激发了他们热爱大自然的情感，让幼儿知道不仅要爱护自己，也要爱护这些和我们生活在一起的朋友们，树、花、草也是有情感的。

《美好心愿卡》的进行是整个"樱花瓣"活动的升华，它来源于生活，以生活为内涵，切切实实取材于幼儿的生活，让孩子在动手制作卡片、悬挂卡片中，规范自己的环保行为，体验成为小志愿者的光荣。

　　没有兴趣就没有教育，有效的教育活动要以幼儿的兴趣需要为基础。斯宾塞说过："真正的自然教育是美好快乐的，孩子从具体实物中得到的快乐远比从抽象事物中获得的快乐多得多。"今天的活动我充分感受到了这一点，美好的落花瓣环境激发了孩子的兴趣，使他们产生了想玩的愿望，这是本次系列活动成功的主要原因。

　　在"樱花瓣"活动过程中，幼儿的观察、分析、比较、协作、想象、创造、语言等多方面的能力都得以发展，幼儿的学习品质能够得到一定程度的锻炼与提升。体现了杜威"教育即生长，教育即生活"的教育理念，从生活入手，不仅在玩中学，更是挖掘地方文化精华，做到了语言、艺术、数学、科学等方面的融会贯通，主张各领域间的综合实施，使幼儿获得了全方面、多方位的学习与发展。

悦动火车开来了

"轰隆轰隆，轰隆轰隆，开着小火车去旅行喽！"小班新生入园的第二周，我们就开始培养孩子站队的本领了。可是对于还在适应期的他们来说，这并不是一件容易的事。常常出现刚拉好的"火车"又断开了，或者没走几步有的孩子就跑掉了，还有个别情绪化的孩子不愿意让别人拽着自己……一系列问题困扰着我们，到底如何能让孩子们快乐地、自主地参与到"拉火车"的游戏当中呢？这需要增加游戏的趣味性。

一、"火车"也要系好安全带

乘坐交通工具时，"系安全带"是小朋友都熟悉和体验过的安全注意事项。《幼儿园教育指导纲要（试行）》中指出，要贴近幼儿生活选择幼儿感兴趣的事物和现象进行游戏活动。因此，我们将"系安全带"用在了幼儿排队时"连接火车车厢"的环节中。我们运用了游戏化的语言来激发幼儿想要拉火车的兴趣。例如："火车出发前，请列车员（老师）来检查一下每一节车厢是否连接安全，有没有系好车厢之间的安全带"。这样游戏化的语言让更多孩子露出了笑脸，即可投入其中，"拉队环节"变被动为主动。个别没有拉好的孩子，我们也会这样来提醒："车厢之间需要两根安全带连接，这样行驶的过程中才不会断开，这非常重要。"这样一来，原本只用一只手拉的孩子也会马上用两只手拉好。

二、"火车"会加速、减速和刹车

孩子人数多，分成两列队伍还是有些长。小班幼儿注意力和坚持时间又比较短，"火车"在开动的过程中难免会有出现很多问题。为了让"火车"安全、缓慢、匀速地向前开动，我们把火车加速、减速、刹车等游戏化语言运用在其中，让每名幼儿都感受到自己就是火车司机。当后面的小朋友跟不上的时候，我们就说"前面遇到险阻需要减速"，队伍形式的速度就会减慢；当到达目的地或者半路有情况需要停下的时候，我们就说"火车刹车"，孩子的一只脚就会自动向外伸出做刹车状。

三、"火车零件"需要及时修理

有一次在拉火车前进的过程中，一个男孩的鞋子被后面小朋友踩掉了。小班幼儿常常语言发展在行为动作之后，因此这个男孩立刻坐在地上哭了起来。我立即请"火车刹车"，然后说："火车司机们，现在有一节车厢轮子掉了一个零件，为了让火车安全行驶，你们需要在原地等一等，我去修好后马上出发。"哭的孩子听我这么一说，还挂着眼泪的小脸蛋露出了微笑。我一边修理一边说："哦！我很喜欢修东西。原来是轮子上的一个螺丝掉了而已，拧上就好了。"快乐的小火车又可以出发了。

四、"火车"也可以有救援队

幼儿园的树比较多，小朋友拉的小火车常常"陷入"树坑中，再次出来的时候就有绊倒的现象发生。一次在后前院中，几个孩子被周围的器械所吸引，没有看清路走到了树坑中，但是手还紧紧"系着安全带"，为了防止一个摔倒而拉倒一片的情况，我赶紧走过去说："请陷入树坑的车厢松开安全带等待救援队。"随后我将一只手臂高高举起做大吊车状说："救援队开始救援，嗯……"我模仿着工程车的声音把树坑中的孩子轻轻拉出来了，孩子们欢呼！

开学已经一个月了，我们的悦动小火车在行驶的过程中是快乐的、自主的。这样一个小游戏，也能让很多情绪化的幼儿忘记想妈妈、想回家。小班的孩子就是这样的可爱和天真，当有快乐的事情发生了，就会忘记烦恼。所以在一日生活中，我们老师除了要有亲和力以外，还要有教学智慧和随即教育的能力，将一日生活中的各个环节都游戏化、趣味化，这样孩子们才会在幼儿园中真正地沉浸在快乐和享受中。

"记录小任务"的妙事

"记录小任务"是主题活动"我要上小学了"中新增添的环节，适度地布置小任务对大班下学期的幼儿而言起到巩固知识技能、培养任务意识和养成良好学习习惯的作用，有利于幼儿适应即将到来的小学生活。

大班下学期开学已经将近一个月的时间了，对于这个阶段的幼儿而言，适当地引导幼儿记录每天的"小任务"可以培养他们更好地自我服务意识。

在每天下午的游戏时间后我们开展了关于幼小衔接的活动，我称为学习习惯养成时间。这个环节我们又分为学习习惯养成之——线描画课堂，学习习惯养成之——我会自己记录小任务等，这些活动都是幼儿非常喜欢的。

今天下午是我第一次在班级中开展"记录小任务"的活动。活动开始前自己不停地犯着嘀咕："让孩子自己记能行吗？他们又不会写字。家长对作业又是怎么看待的？不会以为我是故意向孩子们施压吧？"心中的很多疑问都浮现在面前。最后还是在自己的坚定信念中我开展了关于记录小任务的集体活动。

活动一开始我就向孩子介绍了此次的目的，没想到他们竟然异常地欢喜，就听到小迪在小声说："真好，我们真的要上小学了。"我赶紧就着孩子们这股兴奋劲，将今天的小任务书写在黑板上。

就在我一转身的刹那，我发现孩子们都坐在自己的位上一动也不动，我紧接着说："孩子们你们怎么不动手啊？快点抓紧时间记啊？"平时爱说话的小澈说："蓬老师，我只认识字，但是不会写啊？这怎么办啊？"他这么一说周围的孩子也都跟着附和起来，眼看自己的活动就要进行不下去了，我才意识到自己忽略了孩子的能力表现，只注重了记录的形式。我赶紧调整说："孩子们，不会写字没有关系，你们可以用自己的方式来记录，比如说图形代表某些字，或者是照着书写汉字都可以。"说完后，我看到了孩子们脸上露出了轻松的神情，开始动笔书写了。我在巡回观察中看到了孩子们各种各样的记录方式，真是百花齐放啊！

大班幼儿想象力丰富，语言表达力和记忆力较强，但书写水平有限。再次复述记录内容拓展了幼儿的经验，锻炼了口头表达能力，同时我们也能体验到孩子在记录时自己的创作过程（幼儿将不会书写的汉字用自己的想象转变为图的记录方式），为孩子的创新加油，找到每个孩子的闪光点。

游戏天地

纸盒交响曲
——建构区的创意空间

"双十一"过后，快递一个接一个送到家来，我把这些盒子堆放在家门口，正在盘算如何处理时，却看到孩子气急败坏地从我手中抢走一个吉他盒子，生气地对我说："这是我的披萨！"刹那间，在我们眼里"食之无味，弃之可惜"如同鸡肋般的盒子，却成了孩子眼中的珍宝。我尝试着把这些盒子带去幼儿园，还没想好怎么用就堆放在角落里，没想到，很快就吸引了一群小粉丝。

由于盒子数量少，且不规整，几个男孩子在里面摆弄了一会，就开始将这几个小盒子在走廊里扔着玩。一扔盒子居然不规则式地滚动起来，盒子不同于球形的物体，滚动起来比较费劲、且不规则，在滚动的过程中，就会滚动到旁边正在游戏的区域中，引起孩子们的一阵兴奋，扔盒子的几个男孩子就会呼喊着："滚雪球了！你被雪球滚到就结冰了！"走廊边的几个区域受到"雪球"的袭击，顿时欢呼雀跃！

对于大班上学期的幼儿来说，游戏的水平有了一定的提高和认识，代替的行为在他们的日常游戏中日益增多。幼儿每一次的替代行为都来之不易，它是幼儿思考和再迁移的过程，对于孩子的游戏瞬间我们要用心捕捉、用心解读。幼儿以物代物的行为离不开教师的支持和引导，盒子正是孩子们扩展游戏情节的平台，不同于区域当中的其他游戏材料，真实地去满足他们的游戏需要。

随着盒子数量的日渐增多，大大小小的盒子可谓是"琳琅满目"，很显然，这个角落已经成为孩子心中的"黄金地段"，那叫一个争先恐后！今天这几个男孩子在一起"盖房子"，轩轩说："我们盖一个100层的房子！"富贵说："哪有那么高的房子，那样就塌了！"乐乐说："轩轩，我和你一起盖，"轩轩说："好的，那你去搬盒子，我来盖。"富贵在一边感觉备受冷落，也跟着说："咱们一起吧。"不一会，他们就把所有的盒子大大小小分成两竖排叠高起来，越叠越高，高到够不着楼顶，由于大小不一，晃晃悠悠的房子还没盖好就倒塌了。这时，富贵在一边笑着说："我说不行吧，房子很快就塌了。"乐乐看着轩轩，很失落，轩轩没有多想就说："我们重新盖，现在我们先把大盒子放在下面，这样就不会塌了。"不一会，经过三个人的不懈努力，房子真的盖起来了，他们还在楼房的顶端轻轻地放上了几个纸杯，我问："这是什么呀？"轩轩说："这是房子的烟囱。"我说："你们的房子盖得真漂亮，真想进去参观一下，单元门洞在哪？"轩轩瞬间打开一个盒子的底端，小心翼翼地抠开，对我说："从这里进去。"说着，旁边两个人也开始小心翼翼地抠开最下面盒子的底端，把它当作入口的单元门洞。

大班幼儿喜欢自由支配自己的行为，在游戏过程中，游戏的主题、角色的分配、情节的发展都是自主确定。面对精彩的游戏瞬间，我没有过多干预。当他们的楼房倒塌后，没有向我寻求帮助，而是查找原因，和同伴一起想办法解决问题，重新来过，这种独立解决问题的意识和能力让我特别欣喜。孩子们在对这些低结构材料进行搭建（排列、组合、镶嵌、拼搭、垒高等）的过程中，不仅实现了自己在搭建过程中的需求及愿望，也体验了自己与同伴共同搭建的快乐感、成功感。利用低结构材料进行建构游戏不仅能丰富幼儿感知和主观体验，发展幼儿的动手能力和建构技能，尝试开拓与创新，体验成功与挫折，实现幼儿个性的和谐全面发展。

盒子是最普通最常见的一种材料，也是低结构材料的一种，低结构材料是与高结构材料相对而言的，指那些没有明确目标、规定玩法的材料，如纸箱、木板、易拉罐等，它们成本低、变化多，能引发幼儿不断思考，主动地探究、学习，利用盒子替代积木的优势有以下几方面。

1. 盒子轻便于积木，替代性强

积木规矩的几何图形决定了它本身的用途，替代性不如盒子，而且幼儿在用积木搭建的建筑倒塌之后，收拾整理、重新搭建会很麻烦，可是盒子由于体积大、轻便等优势，就会突显优势。盒子体积大、重量轻，易于孩子之间的操作、合作，有利于幼儿在与同伴商定好的创意中体现作品，孩子在搭建过程中，能够充分利用不同体积大小的盒子，快速完成搭建，体验成功。

2. 收拾的过程是空间整理的过程

大大小小的盒子，收拾起来也是一门学问，如同一个居家主妇操持家务一般，并不是每个人都能把家里整理得井井有条。孩子在收拾整理盒子的时候，要考虑如何把这大小不同、多达上百个的盒子装进有限的、方方正正的橱洞，怎么放才能节约空间怎么塞才能合理，这都是孩子需要学习、考虑和操作的。

很多教育理论都支持这样的观点：幼儿教育应着眼于发展幼儿的主动活动，让幼儿在与环境、材料的互动中获得学习和发展，通过直接感知、实际操作、亲身体验获得经验的需要。而低结构游戏材料的特点是结构简单、功能多元、可变性大、操作性强，孩子可以按照自己的想法自由操作、改变、组合的材料。华爱华老师在《学前教育改革启示录》中提出了低结构游戏材料在幼儿游戏中的作用：一个倾向于低结构的材料，其材料功能不固定，一种材料可以想象出多种玩法，其丰富程度也是不同的，低结构的游戏材料更能引发幼儿从他们自发生成的玩法中获得思维的灵活性、变通性和创造性。

"龙卷风"的神秘之旅

——科学区的"点染艺术"

教师在科学区域指导中经常产生一些困惑，对于新投放的探究材料，引导过多会失去幼儿自主探究的价值，引导过少幼儿会在探究一段时间后遇到瓶颈而停滞不前，失去兴趣。那么，教师如何延续幼儿的探究欲望，实现科学实验的最大效益化，不断帮助幼儿拓展出新的研究空间与范畴？我采用"点染法"，推动幼儿在科学区角活动中的深度学习。

"点染法"是中国画的传统技法之一，有点有染，点染结合不仅能画出意境优美的画图，同样可以运用到科学探究活动中。一个生动有效的探究实验关键在于所定"点"，透过一个个"点"染出深浅浓淡的"面"，点染交互产生趣味灵动、情景交融的科学艺术效果。而教师的作用就是定"点"，幼儿在探究过程的收获就是"染"的效果。

一、概念点染，发现奥秘

教师应善于点出幼儿生活中熟悉的"概念"，与探究材料紧密联系起来，使幼儿深入探究成为可能，进而发现材料的内在奥秘。

例如，在中班科学区中投放两个大可乐瓶，连接在一起，中间相通，其中一瓶装满水。实验材料简单易操作，可是怎样让幼儿发现、理解运用水的流动形成的漩涡现象呢？

我将此现象与"龙卷风"联系起来，在视觉上二者有异曲同工之妙。玩具投放时，我只是告诉孩子们该玩的名称，"何为龙卷风"勾起了几个男孩子的好奇心，浩浩激动得一边用手比画一边说："我知道，龙卷风，风很大很快，就是这样旋转。"顾名思义，玩具怎么才能变出龙卷风呢？他们各种尝试，安安静静、聚精会神地研究了一下午，时不时交流着，最终轩轩第一个发现了其中的奥秘——将连接的两个可乐瓶立起来，装满水的可乐瓶在上方，向一个方向不停晃动装满水的可乐瓶，停下一刻时，水一边定向流动一边漏进下方可乐瓶，此过程中产生"龙卷风"现象。轩轩自豪地和大家分享，吸引了更多孩子参与探究。

二、问题点染，拨开云雾

当幼儿掌握某个现象后，在自身的认知区出现瓶颈现象，兴趣会逐渐下降，这时教师可以点出新问题，打开新的研究方向，实现"柳暗花明又一村"。

例如，"改变可乐瓶转动的方向与力度，产生龙卷风现象会发生什么变化？""水位在哪里时，龙卷风转的时间最长？"……新问题的投射，使幼儿的思维不断激活，打开新视角，拨开眼前的"迷雾"，抓住现象中的不同细节继续探究。

一个好的科学探究活动，是师幼双方积极互动、抛接问题的过程。每一个小问题都可以作为幼儿新的研究"课题"，幼儿在相互切磋、共同解决问题中，不断将零碎、不完整的经验进行梳理、深化，获得更多发现。

三、"意外"点染，收获惊喜

在探究过程中经常会发生一些意外状况，如果巧妙运用这种"小事故"，转变思路，可能会产生意想不到的惊喜效果。

某天孩子们正玩得兴起，突然传来一阵呼声，"不好了，漏水了！"原来是由于长时间玩耍瓶子碎了一个小口，轩轩跑过来很紧张地找我求助。我欲言又止，片刻，我为难地说："这可怎么办才好啊？"他见我也没有什么"好办法"，转身又回到科学区，找了张纸擦拭。"哪里漏水呀？"几个孩子仔细盯着瓶子、寻找出水口。这时杰杰捏了一下瓶子，细细的水流呈抛物线喷出，喷在轩轩脸上，"啊"的一声，笑声一片。杰杰说："喷泉喷水了。"接着浩浩跑到美工区拿来一个纸杯接喷出来的水，大家玩得不亦乐乎。

瓶内的水渐渐少了，轩轩说："别把水漏没了，快想办法修补。"几个男孩跑到各种寻找修补工具和材料——胶带、胶棒、纸、双面胶，不停尝试找出解决问题的最佳方法。

没想到材料的破损，引发了意料之外的探究点，教师没有盲目地干预，保护幼儿的好奇心，这种心理的推动，更能激发幼儿探究的主观能动性。

四、材料点染，另辟蹊径

研究一定程度后，材料的单一会使探究有局限性，将某些材料进行"改造"或增加材料的多样，能继续激发幼儿的灵感，令操作性更强，探究范围更广。

我请感兴趣的孩子回家收集可替代的瓶子，瓶子形状、大小、材质不一，投放在科学区的百宝箱中，并增加了几个瓶口连接器。幼儿开始自制龙卷风玩具，制作的过程中学会了比较瓶口大小，了解到什么样的瓶子适合制作玩具。各式各样的"龙卷风"玩具制作完成，新的问题自然而然出现了，瓶子不一样大了，现象会改变吗？答案继续由孩子自己去探寻。

四种点染法的运用可以是交互式的，根据幼儿操作的实际过程，变换顺序、重复循环，灵活运用结合，打破研究的瓶颈期，实现深入探究。在这个过程中，我们要留给幼儿充足的思考时间与探究空间，善于发现并能抓住来自幼儿的各种信息，包括问题、反应、"事故"、新的发现等，依据这些信息，教师巧妙定"点"，"点"定的好，就会实现画龙点睛的作用，让幼儿"染"得生动而精彩，深化幼儿的探究学习。

"打针"引发的思考

——社会性区域的安全考虑

上午的区域活动时间，海贝、才才和另外几个小朋友在教室里玩画小船，边画边聊天。忽然响起一阵哭喊声，只见海贝捂着小手背，呜呜地哭着。旁边的才才一副做错事的模样，低着头不出声。我先查看海贝的手背，发现皮肤上有个陷下去的小坑，红红的还有点破皮。海贝哭着说："老师，才才用小针扎我！"才才听了抬起头争辩道："不是的，海贝说她感冒了，我给她打针，打一针感冒就好了！"我看看小船帆上的竹签头，猜出了事情经过。贝贝的手背虽然没有伤口，看上去并不严重，但贝贝哭得很伤心，竹签扎的小坑估计也要两天才能恢复。

儿童爱模仿，爱游戏，他们用模仿反映着自己对外部世界的观察和体验。才才也是一样，他把自己生病时的经验——感冒了要打针——用模仿的方式反映了出来，但这样对别人造成了伤害。在幼儿园一日生活中，类似这样的安全问题出现不算偶然，例如，有的幼儿用小剪刀模仿理发剪了别人的耳朵、有的幼儿用牙签扎了小朋友手、有的用筷子戳伤了别人、有的幼儿误划了火柴造成烧伤等。幼儿园中因为教学和游戏需要，会提供各种材料，有的存在一定的危险；还有一些本身不具有危险性，但幼儿的不当使用产生了危险。这都需要幼儿园和老师们的认真对待和处理。

幼儿园为幼儿提供一个安全的环境，避免幼儿接触危险物品，远离不当使用物品造成的危险，都成为幼儿园安全工作中的重要方面。

1.重视晨间检查，危险物品隔绝在外

幼儿园安全常规中都有关于晨检的明确规定，晨检需要做到"一摸、二看、三问、四查"，其中就包含老师对孩子随身物品的查看。除了查看孩子衣着，更重要的是掏一掏幼儿的小手和小衣袋，有没有危险物品，如针状和刀状尖锐物品、小豆子等小颗粒物品。一旦发现除了要收好到幼儿拿不到的地方，更需要与家长及时沟通。

2.创设安全环境，危险物品谨慎放置

幼儿生活中常用的热水壶、火柴、剪刀、裁纸刀、大头针、订书机等物品要放到幼儿够不到的地方。如果需要幼儿使用，也需要合理规划位置。

3.关注午睡巡查，加强区域活动巡视

幼儿园一日生活无小事，教师要加强一日活动各环节的巡查。其中，活动区游戏、午睡等环节幼儿较分散，教师一般无法让幼儿都在自己的视线内，这样的活动环节应重点巡视。

4.熟知各类物品，学会正确使用方法

幼儿园课程和游戏中也有会产生安全问题的物品，如学习中需要削好的铅笔、美工区提供的剪刀、竹签；男孩区域还会提供如螺丝刀、锤子、钉子、螺丝等工具。这些材料本身是安全的，但如果不恰当使用，就会产生危险。因此，在提供之初，教师就需将正确使用的方法教给幼儿、同时告诉幼儿不恰当使用可能产生的问题，并保证幼儿在游戏中能够正确使用。

5.落实安全教育，懂得躲避危险因素

结合幼儿园课程，我们应当对幼儿进行安全教育，注重在活动中培养幼儿的自我保护能力。首先，要远离周围环境中不安全的事物，不做危险的事。如不动热水壶，不玩火柴或打火机，不摸电源插座等。其次，不用工具玩危险游戏，如不能拿剪刀等尖锐物品跑、危险物品需要时取用，用完后要尽快放回原处，不能拿着玩耍。

6. 取得家长配合，共同杜绝危险物品

幼儿园的安全工作需要家长的支持与配合。一方面教师要与家长取得共识，重视幼儿安全问题，同时要与家长明确哪些方面的工作需要家长协助。例如，每天早上出门检查幼儿的衣着、口袋有无危险物品；在家也要指导幼儿各类工具的正确使用方法。另一方面，教师应督促家长与幼儿园同步，对幼儿进行安全教育；在生活中要以身作则合理使用安全物品并及时归放为幼儿做出榜样等。

7. 提供安全材料，满足合理需要

幼儿的年龄特点决定了他们爱模仿、爱游戏，放置安全问题也需要满足幼儿的合理需要。例如，幼儿爱玩生活模仿游戏，教师就在角色区创设"医院"游戏，提供安全的玩具针，充分满足幼儿的游戏欲望。幼儿模仿为洋娃娃打针时，教师可在旁边替洋娃娃说："哎哟，好疼呀，护士阿姨你轻一点好吗？"从而让幼儿在给同伴"打针"时，注意动作的轻重。

小雪花 大世界

——益智区的插塑游戏

鲜艳色彩的雪花片具有多变的玩法、易收易取的特性，它们富有创意的造型深受孩子们的喜爱。有趣的雪花片插塑不仅可以提高幼儿的动手操作能力，还能培养幼儿细致的观察能力，幼儿间相互合作的能力和克服困难的毅力，使他们的注意力、想象力和创造力得到充分的发展。我们班在这个学期投放了好几筐颜色鲜艳的雪花片，之前幼儿都没有插塑的经验，可以说从零开始，如今幼儿能从平面到立体进行插塑，每天都有多种空间造型进行展示，这与幼儿的兴趣、想象、学习及教师的引导和鼓励都是分不开的。

策略一：从激发幼儿的兴趣开始

在幼儿初接触雪花片的阶段，我们让孩子们自由地玩耍，激发他们玩雪花片的兴趣。在这一阶段，要注意分析幼儿现阶段已有的插塑水平，了解他们的生活经验，最重要让幼儿喜欢插塑、愿意插塑，在有兴趣的基础上逐渐形成空间构思。

策略二：学会观察是插塑的基础

当幼儿心里产生了较强的插塑愿望时，我们就得适当地引导幼儿，去细致地观察周围的物体，了解各种物体的外部形态特征。观察多了，孩子们会发现事物间的共性和个性，任何物体都离不开这几种几何图形（正方形、圆形、椭圆形、三角形、扇形等）和几何形体（正方体、长方体、圆柱体、球体等）组合而成，在知道物体的形态下才能有计划地进行构思结构。

策略三：掌握基本的插塑技巧

在幼儿初期自由游戏时，孩子们能从简单的"一个接一个插""十字插"等方法拼插出飞机、宝剑，在幼儿相互的学习和教师的引导下学会了"扇形插"，慢慢过渡到难一点的"球形插""环形插""放射插"及多种插法的综合运用，在此过程中孩子们学会了插楼房、汽车、小动物等。

总之，教师要用各种方法多激励幼儿，给孩子多创造条件，多看相关的图片及物体的参考，孩子之间的相互模仿和学习也是很好的锻炼方式，给他们充分的时间、足够的材料、宽敞的场地，让更多的孩子参与其中，使幼儿感受雪花片建构游戏的快乐。

附方法及作品照片。

1. 一个接一个地拼插

2. 十字拼插

3. 各图形拼插（如圆形）

4. 放射性拼插

5. 球形拼插

6. 立体图形组合

7. 其他作品赏析

唤醒阅读兴趣　点亮智慧人生

——阅读区的巧妙开发

随着社会的进步、科技的发展，电子产品更新换代的速度已经超出了我们的想象，如今孩子们可以玩的东西已经不再局限在积木、弹球、跳房子上，而是越来越多的倾向于手机、平板电脑、遥控玩具、点读笔……从某一角度来看，这些电子产品中的确有很多有趣的游戏，可以在一定程度上开发孩子的智力；但从另一角度看，痴迷这些电子产品也在相当程度上对孩子带来了不利影响，比如过度的辐射会影响其身体发育，过度的游戏会影响其人际交流……

作为一名大班老师，如何帮助孩子摆脱"电子保姆"，让教育回归生命本真，是我一直在探索中思考的问题。直到看到教育专家尹建莉关于"诱惑"的教育故事，我终于明白了幼小衔接工作的方向，那就是"给他们一点阅读的诱惑"。古语云，"书中自有黄金屋"，好的阅读习惯可以让孩子的一生受益，特别是对于即将步入小学的大班幼儿来说尤其重要，不仅可以帮助幼儿尽早地了解知识、开阔视野，而且可以帮助幼儿更好地启迪智慧，陶冶情操，促进其全面发展。

一、创新模式，让阅读"活"起来

阅读是学习的基础，英国一位教育专家曾经说过，"每当我们翻开一本书，等于开启了一扇通往世界的窗。"要培养孩子成为一名"书香宝宝"，真正唤醒孩子的阅读兴趣，浓郁孩子们的阅读氛围，还需要老师沉下心来仔细研究。

大班的孩子生性活泼、思维活跃，幼儿园里常规的"阅读区"已经没有那么吸引人。如何"唤醒"他们，让阅读"动"起来呢？我们从以下五个方面进行了改革。

1. 变阅读区为"小小图书馆"

首先我们请家长利用周末带孩子到图书馆，看看那里的人是怎样进行登记、安静地看书和爱护图书的。这也能让孩子在无形中受到感染，成为一个爱书的人。在开馆前，我们请个别小朋友利用照片的形式向大家介绍了自己借书的经历，包括借书卡使用、借还书时间、阅读秩序等，让孩子初步产生借书的兴趣。我们在班里也开设立"小小图书馆"，温馨的角落里充满了书香的气息，也进一步激发了读书的兴趣，增设的"借阅登记本"，让图书借阅活动显得更加正式。

2. 为孩子提供数量充足的图书，丰富阅读内容

根据孩子们的读书情况，我们发现男孩们多对于动物科普类的图书比较感兴趣，而女孩对梦幻故事类的图书兴趣较为浓厚。因此为使"图书馆"更加吸引人，我们专门从幼儿园的图书室里借来了大量图书，当然家长也非常支持我们的读书活动，为我们提供了很多不同种类的书籍供幼儿阅读。我们将所有图书进行了分类整理，有绘本系列、故事系列、科普系列、主题系列等，并分门别类地在书架和书籍上贴上相应的标志码，方便孩子寻找和取放。在图书和书架上进行了颜色分类，这样一个小小的提示能够很好地帮助小朋友分辨图书的位置，养成良好的归类整理的好习惯。

我们会及时关注孩子的兴趣点，让孩子们在阅读中了解中国的传统文化、地大物博、现代科技的飞速发展……家长都由衷地说："再也不用担心孩子没有好书读了！"

3. 让每个孩子自主登记借书卡，人人都是图书管理员

如果我们能够利用"图书借阅登记表"引导孩子把阅读的时间、书目、感受记录下来，对孩子的成长是很有意义的。大班孩子已经基本上会写自己的名字，即便个别名字书写特别复杂的也都知道自己的学号。为此，我们为每个孩子制定了简单的登记卡，包括借阅时间、姓名学号、图书编码、归还日期等，由其自主登记、自主管理，提高阅读的自觉性和有效性。

这样的表格记录简单，孩子们完全可以自主进行，便于学会自我管理，老师们则谨记着"做个懒老师"的承诺，把阅读、分享和管理等一系列问题都交给孩子自己。久而久之，孩子们养成了良好的记录习惯，真正自主、有序地借阅图书。

4. 利用"阅读存折"激发阅读兴趣

我们发现很多家长都愿意陪孩子阅读，但却因时间有限无法每天陪伴孩子。我们向家长推荐了"阅读存折"，请家长帮助孩子记录阅读过的所有书目，为孩子的阅读留下足迹。"阅读存折"乍看之下，大小与真正的存折相差不大，但外形非常漂亮可爱。孩子可以在里面贴上独属于自己的个性小照片，记下独属于自己的阅读档案，阅读过程中一点一滴的积累，都可以向钱币一样存在里面，阅读时间、阅读书目，只要翻一翻"存折"便知道！幼儿每"存入"一本书，我们就奖励一颗小星星，五颗小星星换一颗大星星，两颗大星星换一支铅笔，老师运用这样的方法换来的是家长对孩子阅读的重视、孩子们对阅读的兴趣。在很大程度上激励和强化了家长和孩子们每天阅读的行动，使之成了持续、长久的行为。孩子们爱上了阅读，也是我们开展图书借阅活动最好的回馈。

5. 将值日和借书活动关联，让借书活动变成一种奖励

班里孩子多，如果同一天借书需要花费较长的时间。因此我们将"值日"和"借书"活动关联，要求只有当天做值日的小朋友可以借书和还书。既成功地将孩子分流，让借书活动变得井然有序，也巧妙地将借书活

动变成一种奖励，每天能够积极主动完成值日生工作的小朋友，可以优先选择两本图书作为奖励，促使值日生更加主动地为他人做好服务，达到了一举两得的效果。

二、关注需要，提升阅读能力

培养幼儿阅读能力不是一朝一夕就能完成的，需要平时一点一滴的积累。孩子是阅读活动的主体，在阅读活动中必须自始至终让孩子参与。在整个活动中，要引导孩子把借阅活动变成自我实践的过程，尽可能让孩子自己做、自己读、自己想。

1. 制定阅读规则，养成良好的阅读秩序

俗话说："没有规矩，不成方圆"。对于即将要步入小学的大班幼儿来说，遵守社会规则、养成良好的习惯是至关重要的。我们根据孩子的阅读情况，从基本的方法入手和孩子们一起制定了阅读规则，孩子自己绘画小图示贴在提示板中，如阅读姿势正确、一页一页地翻阅、轻拿轻放、按标志取放等。每当到读书或者借阅时间，图书馆里人头攒动，孩子们人人参与，都成了想看书的孩子，相互之间都在提醒着小声说话，轻声阅读，形成了很好的阅读秩序。

2. 在陪读中引导孩子学会阅读

在日常的陪读中，我们除了为孩子挑选有趣、有意义的图书外，还应引导他们掌握画面阅读的方法。比如让幼儿观察、发现人物表情、动作、背景，一一解读，将之串联起来，从而看出图画中描绘的人物、情景，来理解故事情节。如在绘本《飞往月亮的乌鸦》中，小乌鸦从不会飞——空中打转——自由飞翔，我们一步一步地引导幼儿去观察它的表情、动作，理解画面中的小乌鸦的心理活动，讲述故事的内容。

3. 开展"读书沙龙"，分享阅读收获

一本好书、一本有趣的书值得大家一起去阅读，在阅读中共同交流、共同回味……每周一的下午是我班的"读书沙龙"分享时间，孩子们通过个别交流和小组讨论的形式来分享上一个周自己特别喜欢的一本书。当然，这项活动的开展离不开家长的积极配合，我们会在读书沙龙活动前向家长们发一份调查问卷。通过问卷我们可以了解我班亲子阅读的现状，也能促进家长对亲子阅读的重视程度。家长在问卷中也能学到提升阅读的能力和方法。请家长把孩子们近期最喜欢的一本书记录下来，让孩子将自己喜欢的一本书带到同伴面前，介绍图书的名字，讲一讲里面有趣的部分。在小组讨论中我们发现孩子们都急于表达自己喜欢书目的情节，争先恐后地向同伴介绍。他们互相交流、推荐自己看过的和喜欢的图书，一起播撒阅读种子、一起记录阅读足迹、一起通过故事看世界，见证彼此的成长。通过读书沙龙分享活动，孩子们还锻炼了语言表达能力，在阅读、分享中获得多种能力，为小学打下基础。

三、家园合作，让"阅读"传起来

"唤醒阅读兴趣"相当于一把魔杖，不显山不露水地赋予孩子们能量。教育家苏霍姆林斯基通过研究发现："孩子智力发展取决于良好的阅读能力，具备良好的阅读习惯和能力可以让儿童聪明伶俐、勤奋好问、理解力强。"因此，我们要将"魔杖"传递给家长，不断向家长们宣传科学的教育理念，让家长多了解孩子的心理，学会运用正确的方法去教育和引导孩子。

1. 帮助孩子及早开始阅读

利用家长会，向家长介绍幼儿园图书区的改进情况及规则，让家长配合老师一起培养孩子的阅读兴趣。我们班还建立了"读书群"，家长经常一起分享有关阅读培养方面的经验和绘本，使亲子阅读的氛围更加浓厚。只有及早地培养孩子对阅读的兴趣，让阅读像吃饭一样成为孩子生活中非常自然地存在，他才能从中体会阅读的简单和享受。

2. 引发孩子阅读兴趣、体会阅读乐趣

著名童书作家桥斯坦贾德曾说："最明智的父母，一旦给孩子吃饱穿暖之后，接下来最重要的事情，就应该去为孩子们选择出最好的书，带回家，放进他们的卧室里。"因此，当孩子兴高采烈地拿着"阅读存折"回家后，家长必须给予积极回应，认真帮助孩子记录借阅书目，指导孩子与绘本展开有效互动，让孩子最大限度地体会阅读的乐趣。

　　3. 家长进课堂，幸福齐分享

　　家长也向我们推荐了许多优秀的绘本图书供幼儿阅读。根据孩子的兴趣需要，我们把家长也请进课堂和孩子们一起分享好看的图书，进一步引发孩子们的阅读兴趣。

四、实施效果与分析

　　经过一年的认真实践，"唤醒阅读兴趣"的理念在我园得到了充分的推广与应用，成效显著，不仅改变了孩子，也带动了家长，进一步促进了家园合作，形成了家园育人的强大合力。我们发现，孩子们的"阅读存折"都记满了，阅读兴趣也提高了很多，以前总是零零散散的几个人在图书区进进出出，现在每天都会有很多孩子在图书馆一起读书、一起分享阅读心得。我们还发现，孩子们的词汇量也变得更加丰富，他们通过"阅读"变得会说、会表达。我们更发现，孩子们的良好习惯逐渐养成，学会了自主学习、自主借阅，也学会了分享、学会了自觉遵守规则，为上小学后的学习和生活打下了良好的基础。

　　这些，让我们感到喜悦，也强化了我们的责任感和使命感。未来，我们将在这一理念引领下，进一步凝练特色、打造品牌，向着"理想的教师、理想的教育"的目标踏实且坚毅地迈进。

让教育慢下来　放心灵进自然

——种植区里的连连趣事

城市的孩子对于种植这方面的知识是稀缺的，对于农作物的认识更是稀缺，我们注重发展幼儿的认知，却陷入关注结果的沼泽，忽视过程性知识的积累。如对于蔬菜的认识，孩子能够说出蔬菜的名称，却没见过蔬菜成长的过程，对于农作物更是如此，看到麦穗说麦子，可看到麦苗却说韭菜。虞永平教授曾经在讲座中指出，过程意识和经验指向要充分利用周围的资源。

而幼儿园的种植区是促进幼儿观察力发展、增长和丰富知识的重要区角，它既可以美化环境，使教室、户外美观，充满生气，也可使幼儿的生活更加生动有趣，丰富多彩。同时，幼儿参与种植活动，这个过程也是幼儿与自然互动的过程。蒙台梭利说过，"我听过了，我就忘了；我看见了，我就记得了；我做过了，我就理解了。"第一次学习翻土、第一次认识各种蔬菜的种子、第一次尝试播种、第一次发现嫩芽的过程……这些都是幼儿学习的过程，也是幼儿获得知识的过程。

一、静心期待，充满好奇。

"老师，为什么卷心菜和花椰菜的种子看上去一样呢？"

幼儿阶段的思维以直觉行动和具体形象为主，年龄越小，给予孩子的感官刺激就应该越多。在种植的初期，我和孩子们一起收集蔬菜瓜果的种子，我们一起给各种种子做标记、写名称，在这个过程中，我们发现了小种子许多有趣的秘密，卷心菜和花椰菜的种子非常相似，种子像是在告诉我们什么？同一科属？探究方法如何？对比观察？我们从外表上分不出来的。孩子们就因为好奇心的驱使，更加期待种子接下来的变化，发芽会一样吗？幼苗期又会有怎样的不一样？这些疑问和对答案的期待让孩子们像着魔一样，每天关注着种植区的变化。有了这块小天地，孩子们通过自己主动探索、自主发现获得了直接的知识经验，满足了好奇心和求知欲。

二、一夜春风，生机盎然。

"老师，我们一起种下的种子，可是蔬菜种子发芽时间都不一样哎，菠菜和茼蒿是最早发芽的。"

种植区以露天的方式呈现给孩子一个真实的世界，这些种子、植物摸得到、看得见、闻得着，是孩子们可以通过直接感知积累得到的认知概念，而非靠语言和视觉图片来间接认识。好奇心的趋势使得孩子们抽空就往天台跑，等待着种子的发芽，过了一个周末，伴随着希望和憧憬，惊喜接踵而来。那是周一早上孩子们去浇水的时候，我听到他们在天台的讨论和争执的声音，一路簇拥着向我走来，争先恐后对我说："安老师，有颗种子把土顶起来了，轩轩他要用手扒开看看，我们不同意，它是要发芽吗？"带着孩子的喜讯我也赶来一看，真的是有那么几个地方高出平面，真的是要发芽了。在我给出确定答案以后，我和孩子们一起高兴地叫了起来，互相告知这个好消息。"是什么种子发芽了？"我们静下来一看，原来是菠菜和茼蒿，好期待啊，很快就会长出菜苗了。当孩子在好奇心的驱使下运用自身感官去探索发现，孩子们越积极主动所获得的外部信息也会越多，积累的经验也会越丰富，形成的概念也会越具体。

三、万物生长，静待花开。

"老师，黄瓜为什么会长须，黄瓜长出来的须子是干什么用的？它会沿着这根杆子往上爬吗？"

露天的种植区对孩子们来说更加直观、丰富、生动，孩子们在不知不觉中进行了有效、主动的观察。随着温度的不断上升，所有的种子都已经发芽，各自呈现着本身的状态。黄瓜和番茄开出了一朵朵娇嫩的小黄花，黄瓜开的花是黄色的，西红柿开的花也是黄色的，黄瓜和西红柿的花到底有什么不同呢？黄瓜开始吐出弯曲的细丝，顺着杆子一步一步慢慢地向上爬。慢慢地，孩子们又发现了新秘密：番茄的叶子长得这个样子啊，跟我在书上看到的一样哎；茼蒿的叶子像我们画画的锯齿纹一样，真好看；黄瓜的叶子好大啊，茎上还长着许多小刺，怪扎手的……孩子们自己通过观察、比较，解答了自己心中的疑惑，这些知识都是孩子们通过自己的探索、发现获得的，种植区每天都给孩子们带来了无穷无尽的欢喜。这段时间，孩子们一直是在充满收获的期待和喜悦中度过，在观察中，孩子们不仅获得了直接经验和种植的快乐，也在积极、主动的状态中利用多种感官获得了经验、发展了感知能力。

众所周知，大自然是丰富多彩的，而种植园只是取其中细微的一部分，是大自然的缩影，它在幼儿教育中成为幼儿探索植物的生长奥妙，了解科学种植乐趣的窗口。而我们正努力着，将我们的种植区建设得更好并引导孩子投入大自然的怀抱中，让孩子从大自然中吸取营养，让他们真正健康快乐地成长。

智慧空间

"拼图法"在歌唱活动中的有效探索与实践

　　歌唱是幼儿音乐活动的重要领域之一，也是他们表达、交流感情的最自然的方式之一。柯达伊曾说过，你的喉咙里有一样乐器，只要你愿意使用它，他的乐音比世界上任何小提琴都美。歌唱具有重要的教育价值。一方面它可以陶冶情操、启迪智慧、活跃思想、完善品格、锻炼身心的美育内容，另一方面在歌唱中音乐欣赏能力也可以得到提高。歌唱是培养儿童音乐感受能力、表现能力的重要方式和途径。

　　随着幼儿教育进入课程改革的新时代，越来越多的歌曲进入幼儿园课堂，并且深受孩子们的喜爱。歌曲是文学与音乐的融合，具有双重的审美价值。歌曲可以向儿童展示出更为生动、更为丰富、更为广阔的现实世界和精神世界。但每首歌曲的歌词类型不同、内容不同、教育价值不同，幼儿的认知能力、理解能力又有限，如何以歌曲为载体，创设有效的教学情境，激发幼儿的参与热情，提升幼儿教育质量，就成为我们面临的重要课题。

一、因歌而异，分类拼图

幼儿学唱的歌曲类型很多，有的是演唱某种实物，有的是演唱一个情景，有的是演唱一段故事……对此，我结合教学研究与实践，尝试了"拼图法"。所谓"拼图法"，就是在唱歌活动中，将歌词变成简单易懂、一目了然的一张张图片，包括线条、符号、图画等，通过视觉、听觉的共同参与，更加具体、形象地展现歌曲的结构和内容，最终将一张张图片进行拼图，展现出一个图形、一个情景或者故事连环画，使歌曲的内容更加鲜明易懂，歌曲结构更加清晰直观。

"图形拼图法"是把每一句歌词做成一张小图片，最终根据歌曲内容拼凑成一个大图形，如圆形、椭圆形、正方形、三角形等。这种方法可以运用在歌唱活动中"歌曲欣赏"环节，通过请小朋友根据听到的歌词进行拼图的形式，让欣赏环节变得更加生动有趣，当幼儿对歌曲产生兴趣的时候，就会认真地倾听、有目的地倾听。为了将图形拼完整，变"请你再来听一听"为"我想再来听一听"，充分体现出幼儿是活动的主体，引导其主动地学习。

"情景拼图法"是把每一句歌词做成一幅小情境图画，最终根据歌曲内容拼凑成一个新情景，如热闹的马路、高楼大厦等。这种方法让歌曲的结构更加清晰直观，便于理解与识记；也可以将歌曲中较难掌握的节奏型运用恰当的小符号进行提示，弱化难点。歌曲的学唱环节更加情景化游戏化，让幼儿更快地熟悉歌词，学会演唱歌曲。

"故事拼图法"就是把每一句歌词做成一张小图片，最终根据歌曲内容拼凑成一个连环画故事图，如篱笆院子、动物森林等。这种方法不仅可以让歌曲有一个美的意境，为幼儿提供一个歌表演的背景氛围，发挥表演的创造力和想象力，还能让幼儿更快地熟悉歌曲内容。

二、因境施教，寓教于乐

实践发现，较传统教学而言，"拼图法"是一个寓教于乐的过程，不仅能够帮助幼儿更好理解、熟悉、记忆歌词，而且有效地激发了幼儿的学习热情。

"图形拼图法"更适合一些演唱具体实物的歌曲，如《汽车开来了》《大母鸡》《大雨和小雨》，可以将最终的拼图图形设计为汽车图案、鸡蛋图案、大雨点小雨点等图案。例如，我在实施中班唱歌活动《大母鸡》时，就将每一句歌词做成了可以帮助孩子记忆歌词以及强弱拍、节奏型的各种提示图，既有趣又浅显易懂。当欣赏完一遍歌曲时，我会提问"你最喜欢哪一句歌词？"幼儿每说出一句，我会"变"出一张图片贴在相应的位置。特别是在找出一部分歌词后看到"蛋宝宝"拼图还是残缺的，幼儿还会因为急于拼图主动要求再次欣赏，这样，就把教师"教"的过程有效转变成了幼儿主动"学"的过程。拼图成功后幼儿成就感十足，更加愿意主动地参与后续的演唱环节。

在拼图中，我运用了形象的图示来代替每一句歌词，如"大母鸡呦，坐草窝呦，坐在草窝下蛋呦呦呦喂"，我运用"一只大母鸡、大母鸡蹲在草窝上、大母鸡在草窝下蛋"的图片进行有效提示，让歌曲内容变得浅显易懂；我还将歌曲中的说唱部分的节奏"咯咯咯咯嗒、咯嗒咯嗒咯咯嗒"运用"大鸡蛋和小鸡蛋"的图示进行有效提示，让歌曲内容变得更加生动有趣，且弱化了歌曲节奏的难点。

"情景拼图法"更适合一些演唱具体情境的歌曲，如《数高楼》《冬爷爷来了》《柳树姑娘》等，可以将最终的拼图图案设计成层层叠叠的高楼、冬天的美景、河边赏柳等情景。例如，我在实施大班唱歌活动《数高楼》时，就将每一句歌词的内容都画在一层一层的楼房中。幼儿每听到一句，就会"盖"一层楼房，为了做一个优秀的建筑师，把每一层楼都盖好，幼儿会主动、认真地倾听和学唱每一句，真正实现了"有教无痕润物无声"。

在拼图中，我分别运用"弧线、圆点"进行提示节奏"哩哩哩、恰恰恰"。其中四分音符的"恰恰恰"用小圆点，二分音符的"恰恰恰"用大圆点，运用大小不同的圆点更加直观地让幼儿感受音符时值的长短，从而更加准确地演唱歌曲。

"故事拼图法"更适合一些演唱具体故事情节的歌曲，如《小篱笆》《打电话》《小动物走路》，可以将最终的拼图连成一幅连环画，唱出一个好听的故事。例如，我在实施大班唱歌活动《小篱笆》时，把每一句歌词内容都藏在篱笆院里的一个个花骨朵中，幼儿每唱一句，对应的这朵花就会绽放。为了让篱笆院里开出更多美丽的牵牛花，幼儿就会运用更加优美的声音演唱，运用夸张的动作表演篱笆院里牵牛花优美的姿态。这样，尽管歌词较长，但幼儿仍会在篱笆院开满花的兴奋中较好地识记歌词，有效弱化了教学难点。

《小篱笆》两段歌词分别描述了春天来了、牵牛花开了的故事情节，两个篱笆院里的景色在牵牛花朵中显得格外美丽。两段歌曲的最后一句都是"嘀嘀嘀嘀嘀嘀嗒"的节奏，第一段是小雨滴的声音，第二段是小喇叭的声音，我运用大小不同的雨滴（喇叭）提示图让幼儿更好地区分"滴和嗒"的演唱，让歌曲的演唱和表演更加情景化。

三、因图激趣，悦享发声

对"发声练习"这一个小小环节的思考与设计特别容易被我们忽略，如果能运用"拼图法"在这一环节中充分调动起幼儿唱歌的积极性，让幼儿能够愉悦、主动地参与演唱，真正达到开嗓的效果，也将会为接下来学唱歌曲的部分做好充分的准备。

例如歌曲《数高楼》中，就可以把比较难掌握的附点音符"哩哩哩哩恰恰恰恰"的节奏用来做发声练习，再配以相应的拼图内容。如小鸟站在草地上唱歌（C调）、小鸟站在树枝上唱歌（D调）、小鸟飞在蓝天上唱歌（E调）。在这样的"发声练习"中我发现孩子们不仅能够直观、切实地感受和演唱音阶高低的变化，而且运用"哩哩哩哩恰恰恰恰"的演唱，熟悉了歌曲中的难点节奏。在活动的一开始，孩子们的演唱就是自主的、有趣的，也为接下来学唱歌曲的环节打下了良好的基础。

综上可见，"拼图法"有很强的艺术感染力，它能分析、讲述歌曲的内容、形象、结构，富于艺术性和童趣。"拼图法"拼出的不仅仅是一个图形、一幅图画、一个故事，更是悦动课堂的体现。幼儿在活动中始终保持轻松、愉快的情绪，以饱满的热情积极主动地投入活动，在尊重、包容的学习氛围中，开展自觉主动、合作探究性的学习。这种方法能够使课堂变得生动、愉悦、积极、有效。只要巧妙地将它放在合适的地方，因地制宜、因材施教、因势利导，把片片内容进行有趣组合，就会使幼儿深深地爱上唱歌并对歌词久久不能忘怀，实现学有所得、学有所乐。

幼儿的唱歌活动应该是生动活泼的，这种活泼是教育者既遵循幼儿的发展规律又遵循音乐教育的规律的结果，只有这种生动活泼的教育活动，才能更好地促进幼儿全面和谐发展。我想，这应该就是教育的真谛。

揭开科学教育的神秘面纱

说起科学，总是给人一种神秘的色彩，其实科学以各种形式呈现在我们的日常生活中，例如，穿衣服时的静电现象、镜子的成像光反射、窗台上鱼缸里的水出现彩虹等等这些都是科学。而幼儿只知道穿衣服时会有噼噼啪啪的声音，从镜子里可以看见自己，彩虹不仅会出现在天空中，鱼缸里也有。幼儿与科学总是擦肩而过，虽然见过科学现象但不知道这就是科学，因此科学在幼儿的眼中是神奇的。

在日常生活中这些科学现象无处不在，但往往被我们忽略了，埋没了教育价值。为什么我们不充分挖掘这些隐含在生活中的小现象，抓住时机，适时地对他们进行科学启蒙教育，使教育与幼儿的生活相结合，将科学的神秘面纱揭开，从而激发幼儿的探索精神呢？幼儿园科学教育的落脚点就是注重儿童探究解决问题的能力与积极的情感态度，建构科学的思维方式。基于此，在教学中我开展了一些小尝试。

把握生活与科学的切入点，发现科学就在身边
——揭开科学教育神秘的第一层面纱

《幼儿园教育指导纲要（试行）》中强调，"科学教育应密切联系幼儿的实际生活进行，利用身边的事物与现象作为科学探索的对象"。教师在生活中应成为幼儿探索中的引导者，顺应幼儿的需求和兴趣，从他们的兴趣中挖掘暗含的教育价值，引导幼儿关注和发现生活中的科学现象，揭开科学神秘的面纱，走入科学的世界。

1. 生活中的太阳能

夏天很多孩子都会戴带有小风扇的太阳帽，每次户外活动时孩子们的焦点都会聚集在谁的太阳帽上的风扇转得快、谁更凉快等话题上。而风扇的转动正是运用到了太阳能的原理，所以我带着孩子们在操场上尽情玩耍的同时，让他们仔细观察帽子上的小风扇，看看太阳能是怎样让风扇转动起来的。孩子们通过思考和探索，不断地用手掌挡住太阳能板，几次试过后自己得出了结论。

看着大家的探索积极性被调动起来后，我拿出了一艘太阳能游艇模型放入水中，游艇快速地在水里运行起来，顿时孩子们开心极了。当我把游艇从水中拿起来后，只见船桨还是不停地滑动着，这时孩子们纷纷说："是太阳能的作用，太阳能带动船桨划动。"我用手挡住太阳能板，船桨不动了，孩子们高兴地跳着蹦着，证明自己的结论是正确的。这样一个"神奇的太阳能"活动让幼儿在玩耍的过程中发现了太阳能的秘密。

2. 水做放大镜

"经历是发现意义的中心环节"，我们必须让幼儿通过自己的亲身经历揭开科学的神秘面纱。一次值日生浇花时，无意看到一个孩子将盛有水的塑料瓶放在眼睛上看，边看边对旁边的伙伴说："从水里看你好奇怪啊，你的脸变形了！"当我发现这一教育契机后，对孩子们说："水也能当放大镜，你们知道吗？"孩子们顿时都好奇地围到我身边，"想不想看看水是怎么当放大镜的？"

接着我们共同进行了一次科学探索活动：我们用水制作了一个放大镜，首先把玻璃珠放入小碗中，用保鲜膜封住碗，然后用手轻轻把碗口上面的保鲜膜向下按一些，使保鲜膜成倒锥形，将水倒在保鲜膜上，通过水观察碗中的玻璃珠与平时有什么不同。孩子们和我玩放大镜的过程中，兴奋得与同伴交流自己的观察与发现，参与积极性始终很高涨。整个过程我以幼儿同伴、活动参与者的身份，观察了解孩子，并适时发出讨论"碗里的东西看起来变得怎么样了？""为什么会有这种变化？"逐步引导孩子发现凸透镜的秘密。随后我在区角中添放了关于凸透镜的材料，那段时间孩子们一直沉浸在探索与发现凸透镜秘密的氛围中，以此感知科学就在我们的日常用品中。

科学就是幼儿每天所做的事情。这两次的随机活动，均是从幼儿的身边取材，以幼儿的兴趣为切入点，找到适宜的教育契机，引导幼儿主动探索、关注生活中的事物，让幼儿发现科学，不仅保持了幼儿的好奇心，也激发了幼儿的探究热情，培养了他们从小善于观察和发现的态度，将幼儿带入神奇的科学世界。

利用生活中的小实验，建立科学思维方式
——揭开科学教育神秘的第二层面纱

教育应当是生活本身，生活和经验是教育的灵魂，离开生活和经验就没有生长，也就没有教育。思维是解决一切问题的根本，幼儿有了迫切想知道答案的问题，就有了思考的动力。教师需鼓励他们积极去探索、去实践，亲身获得问题的答案，这就是科学思维的过程，利用生活中的小实验，帮幼儿建立科学的思维模式。

煮咖啡的小实验：在一次与幼儿谈话中，我了解班里有不少孩子对咖啡有兴趣，可只见过大人喝，自己十分憧憬也想品尝一杯咖啡。于是我将家中的咖啡机带到了幼儿园，在一次下午与孩子们近距离地进行了一次"惬意地煮咖啡"时间。

整个过程中幼儿的参与积极性可想而知，首先是咖啡机看上去就像一架实验室中的实验装置，非常吸引孩子们的眼球；其次煮咖啡对于他们来讲是一件非常新鲜的事情。起初我只是想让孩子们初步了解煮咖啡的过程，满足他们的好奇心而已，但是在煮的过程中，我发现大家提出的小问号越来越多，如酒精灯为什么燃烧，咖啡豆是如何变成咖啡粉的，水热了以后为什么会跑到上面的容器里，冷却了为什么又会倒流，水加热后为什么会沸腾，咖啡粉放入水中为什么会溶解……一系列问题随之产生。并不

是观看煮咖啡这么简单了，于是我请大家仔细观察煮咖啡的每一个环节，在观察中逐步渗透这些科学小知识。在进行第二遍煮咖啡时，我们带着问题再次实验。

煮咖啡活动让孩子们发现生活中的煮豆浆和煮咖啡非常相似；日常食用的糖、果珍、奶粉等放入水中也会溶解，孩子们对捕捉生活中科学现象的敏感度大大提高了。

接下来，我利用午睡时穿脱衣服让幼儿感知静电；户外活动的时候寻找影子在哪里、空气在哪里等，通过一系列的"小实验"帮助幼儿更好地获取相关的科学经验。活动中幼儿了解到同伴看问题的角度和与自己不同的想法和做法，尝试接纳、欣赏不同的意见，学会关心、尊重他人。

在生活化的科学教育中，探索解决生活中的问题
——让科学不再神秘

陶行知先生说："生活即教育。"让科学回归到现实中，让幼儿在真实的情境中学习，帮助幼儿适应现实及将来的社会生活，最终能运用合适的方法解决生活中的问题，感受科学对生活的影响，从而激发对科学的热爱和对科学家的崇拜。

1. 会自己走路的卡子

在一次的盥洗时间，我不小心将自己的发卡掉到水桶里了，很多孩子想帮我把发卡捞出来，于是我让大家思考不沾湿手能把发卡取上来的办法，接着各种想法接踵而来——用镊子夹、把水直接倒掉……而我借用了磁铁将发卡沿着桶壁吸了上来，就像是卡子自己走上来的。其实这是生活中很平常的一件小事，但是我们要随时把握教育契机，适时引导，培养幼儿在生活中解决问题的能力。

事后，我们又生成了"沉浮实验""磁铁小实验"，实验中我提供了丰富的可操作材料，为每个幼儿都能运用多种感官、多种方式进行探索提供活动的条件。幼儿在积极参加小组讨论、探索中产生了合作学习的意识和

能力，学会了用多种方式表现、交流、分享探索的过程和结果。

2. 省力的玩具箱

科学教育最重要的价值是使幼儿学得如何去获取知识，教师的作用不再是灌输，而是支持和促进幼儿的学习，体验发明的乐趣。户外活动时，每次都是值日生帮着我抬玩具箱，这样做会很辛苦，于是我开始启发幼儿："怎么样让箱子变得不那么重？"大家开始动脑筋、纷纷想主意，最终一致同意给玩具箱安装上轮子，这样就会省劲了。我对这个想法给予了肯定，并鼓励他们去实践，在家长帮助下，孩子们真的为玩具箱安装上了轮子，在热情还没有降温时我又抛出新问题："生活中哪些地方可以安装上轮子？"越来越多的孩子们参与到活动中，椅子上安装轮子变成轮椅；木板上安装轮子变成滑板；筐子上安装轮子可以让奶奶推着去市场买菜……其实每个孩子都是小科学家，相信他们在经过探索后，能够去解决今后生活中的实际问题。

通过挖掘生活中隐含的科学教育契机，生成系列的、不断深入的探究活动，让幼儿在玩耍、游戏中学会主动探索、寻找科学小秘密，使生活和科学真正的结合起来，让幼儿感知科学就在我们的身边，它贴近我们每一个人，给我们的生活带来了方便。其实教育原本就是生活的一部分，让科学教育回归生活，让科学变得不再神秘。

"有意义"+"有意思"幼儿民间体育游戏的尝试

《3~6岁儿童学习与发展指南》认为，幼儿的健康是指人在身体、心理和社会适应方面的良好状态。幼儿园体育活动是健康领域教育的重要组成部分，民间体育游戏作为体育的一部分，是一种具有竞技性、娱乐性、地方性等特点的体育活动，对发展幼儿的身体运动机能、技巧，增强幼儿体质与体魄，培养幼儿群体意识和集体精神，很有帮助。要让民间体育游戏促进幼儿的发展，就要充分挖掘民间体育游戏的"意义"与"趣味"。

一、挖掘价值使其更"有意义"

1. "竞技性"运动方式，磨炼幼儿的运动意志

大多数民间体育游戏都带有竞技性的特点，这些竞争因内容的不同所表现的方式也不同，有的是智力竞争，有的是体力竞争，有的是技术竞争等。智力竞争需要在游戏时沉着冷静、思维变通，如下棋、猜手指等游戏；体力竞争是体能之间的对抗，包括奔跑速度、力气大小的较量，如抓尾巴、老鹰抓小鸡等游戏；技术竞争是比赛身体灵活程度和各部位运动技巧熟练的程度，如滚铁环、炒豆子等。

这些民间体育游戏不仅能让参与者体验愉悦感，更能磨炼参与者的意志，达到提高技能和开启心智的运动效果。尤其是幼儿，他们更喜欢有挑战性的体育游戏活动。

2. 多选择的运动空间、运动内容，彰显幼儿民间体育游戏随时、随处可玩的独特

民间体育游戏有着锻炼、修身、娱乐等多重教育和生活意义，不需要昂贵的游戏材料，也不需要专业的空间场地，对幼儿来说，几张纸、几块木条或几块小石块就可以开展民间体育游戏。既有简单易行、随意玩耍的自由游戏，也有技艺精巧、要求性较强的规则游戏，只要三五个人参加就可以感受体育游戏的快乐。因此，适合幼儿自主、自由地参与并展开游戏。

3. 民族性、普遍性及娱乐性运动方式的传承，提高幼儿身体素质

幼儿的体育活动目的在于使幼儿身体机能和运动技能得到发展，并促进幼儿心理的健康成长。幼儿民间体育游戏作为一种大众体育，具有民族性、地域性的特点，除了锻炼幼儿身体、提高运动机能和促进智力发展外，还有助于幼儿情绪的表达和发展。游戏的出发点以身体运动为基本目标，活动内容以幼儿的现有运动经验为基础，不断提升幼儿身体体能，增强幼儿体质。

二、"有意思"的幼儿民间体育游戏"三趣""三试"

（一）精选"三趣"内容使其更"有意思"

1. 活动内容"灵动有趣"

幼儿民间体育游戏中，含有攀、爬、走、跑、跳、投掷和悬垂的动作练习，并在活动中开展具有娱乐性和竞技性的体育游戏，尤其是动作表达上具有明显的特色，如竹竿舞、踩高跷、舞龙、划龙舟和抬花轿等，都是利用一些生活器材进行体育游戏运动的。

2. 活动形式"欢动成趣"

幼儿民间体育游戏的一个重要特征就是具有游戏娱乐的功能。如炒豆子、贴药和滚铁环等，游戏中充满着角色模仿、角色扮演和情境体验等娱乐色彩，非常符合幼儿天生爱玩的运动天性。

3.活动主体"组合生趣"

民间体育游戏中的"儿童游戏",他们"三五成群、结伴而行、跳房子、抽陀螺、荡秋千、兴趣盎然",游戏大体分为身体活动的游戏、巧用器具的游戏和智力游戏,除了锻炼身体、提高运动技能外,还有助于发展幼儿在游戏中的合作能力、竞争意识,体验幼儿共同游戏的快乐。

(二)探究"三试"使其更"有意思"

1."直线螺旋式玩不停",满足幼儿连续游戏的需要

作为以锻炼身体为主要目的幼儿民间体育游戏,其游戏的呈现方式更是吸引着幼儿一遍又一遍地去玩。在玩的过程中,教师通过改变规则、组合器材等方式来修改游戏,这样幼儿才不会对同一项体育活动因为过于熟悉而减少兴趣。我们以螺旋式的学习特点,尝试对不同年龄阶段的幼儿提出不同的学习要求,即使是同一年龄同一游戏也会随着游戏的开展而加深教育内涵及技能。如"滚铁环"游戏可以将铁环依次放在地面上连接起来进行跳跃练习,当幼儿热身之后,他们就要拿着铁钩推着铁环向前移动,在移动过程中有手部控制力的练习,有走步练习,有协调性的练习等。

2."高结构低结构"尝试,让游戏充满弹性,成为按照游戏的方式开展的体育活动

当目标要求增多时,应以教师预设的学习目标为主,游戏的结构性增高;当目标要求减少时,幼儿获得自由玩耍的机会增多,则游戏的结构性降低。对于不同年龄段的幼儿,游戏的结构性程度要求也是不同的,其基本规律是随着年龄的增加游戏的结构性也逐渐增高。在幼儿民间体育游戏的开展中,充分利用游戏性质,为幼儿的体育活动创设假想情境,实现游戏化的体育教学。

3.教师组织幼儿民间体育游戏的观察关注

教师是幼儿民间体育游戏的准备者、活动设计者、评价者,在具体教学活动以及幼儿游戏活动过程中,教师根据幼儿的表现适时参与或退出。

游戏状况	教师角色	教师行为
幼儿无力解决、需要帮助、不安、重复一件事情较长时间而无进展、无所事事	高于幼儿的教师	观察、指导
幼儿需要伙伴、需要参与和引导、无所事事	平行教师的儿童、玩伴	观察、参与
儿童专注、轻松、快乐	低于幼儿的玩伴、同伴	观察、参与

教师的参与可以解决游戏中存在的矛盾和问题使游戏顺利开展；还可以带动幼儿游戏的积极性；也可以提高游戏的安全性；帮助幼儿的运动水平得到提高，在最近发展区中获得更大的空间发展；也让教师自己体验活动的不足之处，并及时对其进行改善和提高。

有一种游戏叫经典，有一种文化叫传承，有一种玩具叫记忆，有一种体育叫玩耍。民间体育游戏带给孩子的不仅是体育运动，更是健康和自然的性格力量，让孩子们在体验最好玩的、原生态的、有意义的儿童体育游戏中，感受有意思的传统体育游戏，让孩子们健康快乐地发展与成长！

涂画映童心　点滴绘世界

——大班幼儿写生的尝试与体会

著名美术家朱光潜曾说过，"有一双慧眼看世界，整个世界的动态便成了诗、成了画"。

当幼儿说某种东西不会画时，最好的办法就是把这样东西拿给他看，而不是直接教他怎么画。写生，就是直接以实物为对象进行描绘的主要方法，幼儿"写生"，即引导幼儿将立体的物体直接过渡到平面纸上的活动。所以，幼儿"写生"，也可以理解成是一种幼儿画实物的美术活动。

这种美术活动能让幼儿学会更好地去用他们的眼睛和心灵观察，更好地感受自然，不但可以提高幼儿的观察力、培养他们发现美、感受美的能力，更重要的是通过写生活动培养幼儿热爱生活、感受生活的能力，并且帮助幼儿塑造良好的个性品质。比如有的孩子做事马马虎虎，而写生中细致的观察无形中培养他们做事细心的个性品质；有的孩子胆小，通过写生的指导与鼓励，则能使其大胆表现，塑造幼儿大胆自信的特征。

实施科学的指导方法，提高幼儿写生表现力

皮亚杰说，"一个儿童越是看和听，他就越想看和听"。随着观察能力的增强，在幼儿开始写生之前我提出适当的问题，"看一看想一想从你的角度画应该怎样用画纸？写生就像画画，从你的角度你看到什么就画什么。仔细观察，树上还有一些小的枝枝叶叶，如果有时间也可以把它画出来。"这样的要求能够支持幼儿更好地进行创作，同时使能力强的幼儿进入

细致作画。

幼儿观察事物时有自己独特的方式，他们不会像成人一样按顺序观察，所以在写生中教给幼儿正确的观察方法也很重要。根据幼儿写生内容的不同我采取的方法也不同。

1.遮挡植物的画法

在一次室内写生《花架上的植物》中，很多幼儿都发现了在一盆植物中，由于叶子生长茂盛出现了遮挡，并不是所有的叶子都能看见。于是我采用"跳一跳、让一让"的方式，让幼儿来表现重叠和被遮挡住的叶子，也就是说在遇到重叠的叶子和遮挡部分时把画笔跳过去，直接从能看到的叶子开始画，并且针对这种绘画技巧做了示范，幼儿也就自然掌握了这种方法，画面也出现了层次感，及时地指导能极大激发幼儿的热情，并坚持完成作品。

2.户外自然景物的画法

自然景物应该指导幼儿细心观察，凭感觉作画，抓重点的画。难度在于把复杂的景物精确的表现在纸上。三月的幼儿园里已经有了春天的气息，我尝试组织了大班写生《幼儿园里的春天》。我首先进行了室内欣赏，让幼儿"观看写生展"，这些画展都是一些中外名家作品和儿童优秀作品，如凡·高的《向日葵》、毕加索的《梦》等，在欣赏中引导幼儿发现作品的表现手法和含义，从而使幼儿产生兴趣和创作欲望。

在室内欣赏的基础上我把孩子们带到了户外，请幼儿观察春天的幼儿园是什么颜色的，让幼儿融入户外情境中。大家争先恐后地说，绿色的，红色的，还有粉色的。接着我抛出问题："你首先看见的是什么？所有的植物高矮一样吗？它们是怎样排列的？"最后我创设充当小画家情境，画一画观察到的，有的孩子画了参差不齐的树、造型不一的花，还有的画了刚冒芽的小草、幼儿园里的滑梯，这些也融入了孩子自己丰富的情感，画面也有了层次感。

3. 人物的画法

人物写生重在观察，需要幼儿仔细观察五官和比例特征，并刻画细节。在写生人物中幼儿往往对人物的特征刻画不细致，因此可以采用游戏的方式让幼儿抓住人物的特征。在写生《我自己》之前，我们进行了"猜猜我是谁"的游戏。通过游戏了解某个同伴的特征，如扎着小辫、戴着眼镜，通过摸一摸猜猜他是谁，进一步了解人物特征，为写生人物做好准备。

4. 有远近、遮挡关系景物的画法

有遮挡关系的景物在写生中是有一定难度的，幼儿往往不知道被遮挡住的部分该怎样在画面中呈现。所以先请幼儿进行实际观察和亲身感受，在体验的基础上再进行写生。在写生《幼儿园的滑梯》时，我先引导幼儿通过直接目测的方法观察大小滑梯的明显区别，以及前后位置。并通过孩子们到滑梯上玩耍感受滑梯的前后和遮挡关系。在绘画中提出写生要求：仔细观察，处理好画面中大小滑梯以及前后遮挡关系、人物近大远小的变化。大班幼儿会认真关注滑梯和人物的详细特征，画面图案对比强烈，所以画面中也就出现了远处一个个小黑点式的人物。

5. 动态游戏的画法

动态游戏也就是在写生的过程中有动的特点，在写生中应把握住人物动起来时的不同姿态。在写生《捉迷藏》活动中蕴含了较多遮挡关系，局部和整体的布局比例也很难把握，于是我先请孩子们玩了"捉迷藏"的游戏，通过互动游戏让孩子们观察："游戏中遮挡部分是什么样子的？整个游戏中每个人的姿态相同吗？"通过这样的问题引导，让幼儿在画面中就出现了只露出脚的、露出一半身体的或者是只露出部分衣物的藏者，幼儿的画面显得更加生动、真实。

6. 生活常见物品的画法

每个人对生活中的物品感知不同，表现出来的作品也是个性化的，幼儿对生活的模仿也是渗透着自己的感知与体验。所以在生活物品的写生中，采用幼儿自我观察感受的方法，让幼儿通过自己对作品的观察将自己的感受反映到纸上来，不过多苛求、指导。

在写生活动《幼儿园的大树》中，我分别进行了春天和秋天两种季节的写生。虽然都是同一种植物，但对季节的观察感受不同，幼儿作品呈现的大树的枝枝杈杈、颜色也都有所不同，充分表现出了季节的变化，这也是幼儿对生活体验的真实感受。

运用有效的评价方法 体会写生的创作价值

作品评价是写生活动中重要的一环，积极性的评价可以使每个幼儿都能享受成功的乐趣，激发每个幼儿对美术活动的热情，所以在评价中要多角度看待幼儿的作品。

1. 从构图的完整性进行评价

构图是一幅作品的基础。在幼儿作品中有的幼儿注重的是某一局部物体特征，并把它细化、夸张表现。有的幼儿则以景物的整体性为主，能观察到整个写生的场景，内容比较粗略，注重的是形态方面。所以不能以作品的好与坏进行评价，要根据孩子的个体差异、绘画特点进行评价。比如在写生《切开的西红柿》中，从作品中可以看出有的幼儿观察仔细，绘画的内容也很细致，连西红柿的种子也画了出来。而有的幼儿绘画比较粗略，但能根据大体轮廓进行构图。无论什么样的作品都应该看到它的闪光点。

2. 从画面表达情感上进行评价

情感是绘画作品的灵魂。依据幼儿的写生画面要充分挖掘幼儿写生的情感。有的幼儿情感比较单一，所表现出来的作品也比较单一，而有的幼儿情感比较丰富，所表现出来的画面布局、色彩上都很饱满，有强烈的色彩感。从作品中也能发现幼儿对某种物品的喜爱、对某种植物的关心等。在写生活动《滴水观音》中，源于对植物的热爱之情，幼儿的画面充满生气，充分表达着他们对植物的喜爱之情，这些都是幼儿源于他内心对生活的发现和对生活美的感受。

3. 从作品的独创性进行评价

独创性是幼儿在创作的过程中融入了自己对作品的独特感受和表达。有的幼儿只拘于自己看到的场景来进行写生。而有的幼儿会加上自己的理解和想象，在原有情境的基础上丰富画面、进行创作，有独特新颖的表现，体现童心童趣，只要在这些方面有任何一点进步，都是值得欣赏和鼓励的。比如在写生《幼儿园的春天》中有的幼儿不但画了幼儿园的大树，还加上了远处玩耍的小朋友和树上小鸟的家，体现了幼儿对生活的热爱。

总之，在评价的过程中，要尽可能地以欣赏的态度积极评价每一个幼儿，尽可能找出其进步的地方加以鼓励，这种鼓励应该是具体的、确实存在的，而不是泛泛地表扬。目的就是让他们产生成功的体验，并从中感受乐趣，增强自信心。

艺术创作的源泉源于自然，是人们对自然进行观察、了解、探索的再创造。幼儿的艺术创作也是如此，孩童时期美术教学的目的，就是要通过艺术创作把儿童整个身心的潜能发挥出来，让他们得到美的陶冶，相信大班幼儿的写生收获，一定能让他们受益终生。

打造别样课程

——生成活动"我和蛋宝宝的故事"

在充满各种可能性、可变性的幼儿园生活中，只要我们静下心来观察，就会捕捉到很多闪光点，可能是一个突发事件、一次孩子之间的私密话语、一次行为冲突，也可能是教学活动中孩子转移的兴趣点、区域游戏中出现的亮点。

一、把握价值与深度，初见生成课程之芽

那么是不是所有闪光点都有发展生成课程的必要？如果做，又该做到什么程度？一节教育活动，一个区域的创设，还是深入到主题？这就需要我们考究一下它的生成价值与生成深度。

下学期睿睿第一次在园午睡，哭着嚎着要回家，商量半天也不行，正为此苦恼时，旁边有一个蛋的模型，我们尝试和他逗趣："瞧，这有个蛋宝宝，你来保护它，千万别让它破了哦！"这件小事成功转移了他的注意力，他接过后小心翼翼地捧着，"蛋宝宝冷了，你把它放在你的被窝里暖和暖和，变成母鸡来孵蛋吧。"他思考片刻同意了，上床后将蛋放进被窝，就这样在蛋宝宝的陪伴下，很快进入了梦乡。一会儿我发现蛋不见了，原来悄悄地被邻床的小朋友搂去了……看来他也有孵蛋的想法。

起床后，睿睿带着蛋宝宝来到教室，引起围观，很快蛋成了今天话题的主角，"我也想孵蛋""这是谁的蛋""恐龙、鸟、鸡、鸭……""里面有水吗""不对，有只鸡""蛋容易碎，你要轻轻地""赶紧抓住，别让它滚掉了"……此时此刻我脑海中浮现出一个想法：这不是生成课程的好机会吗？

《幼儿园教育指导纲要》中提出培养幼儿"对周围事物、现象感兴趣，有好奇心和求知欲"的目标。教师在指导中"应密切联系幼儿的实际生活，利用身边的事物与现象作为科学探索的对象"。对于孩子，蛋似乎是自己的化身，需要他人呵护，又似乎想成为蛋的守护者，激发出内心深处对他人的爱，逐渐蛋和孩子产生情感共鸣。结合《幼儿园教育指导纲要》精神及小班下学期幼儿的年龄特点，我们决定做一个有关"蛋"的生成课程。

生成源于幼儿的自发活动，突出幼儿的主体性，但生成课程并不是教师完全跟随幼儿的兴趣、需求，要学会判断生成价值，懂得筛选、分析、提取幼儿抛出的信息，依据幼儿园教育目标及理论依据，有计划、有目的地去实施。

二、预留弹性空间，建构生成课程之枝干。

在建构生成课程时，教师要找准自己的定位，不能幼儿有了兴趣、发现，便马上去生成，这会使教师过于被动，做出的课程显得散乱无章，脱离幼儿发展规律与特点。何况闪光点并不是随时可见，没有出现时，怎么办？空等吗？显然不行，这就要求我们灵活协调预设与生成的关系。

当幼儿成为课程实施中的主体时，会有太多的不确定，我们要做到心中有数，懂得将这些不确定纳入一定的计划中，并与幼儿始终保持一种对话互动的关系，相互抛接球，在碰撞中不断寻求新的探究点。

案例中孩子抛出的兴趣点，并不是一节教育活动或区域游戏就可以解决的，于是我们想深入开发，做成生成主题。首先进行初步的分析与归类，抓出蛋生动物有哪些、蛋内部结构及外在特征、如何孵化等可探究方面。其次构建主要课程框架，初步下设"这是谁的蛋""我与蛋宝宝"两个分主题，拟定科学活动"这是谁的蛋""让蛋宝宝站起来的方法"、语言故事活动"小兔孵蛋"、音乐活动"小小蛋儿把门开"等，区域中投放相关游戏材料，布置由内而外统一大环境"蛋宝宝乐园"，营造了一种身临其境的氛围。实施后在各种碰撞中还会擦出新的闪光点，为此我们要留出可探索的时间与空间。

三、巧妙互动抛接，开启生成课程之旅。

"一日生活即课程"，生成的课程可以是一节教学活动、区域游戏、生活活动、户外活动等，也可以是一个半日活动、一个主题活动。面对教育契机，教师要懂得判断分析，如果是个体的兴趣与需要，可生成区域游戏，如果是大部分幼儿感兴趣、且符合课程目标的，便可生成集体性活动，教师要灵活转换生成课程的方式。

趣事一：区域游戏的生成——"奇妙蛋蛋屋"

"小兔孵蛋"活动中讲到小兔孵出了龟宝宝情节时，突然一个孩子质疑："兔子不生蛋，为什么能孵出龟宝宝？"这个话题的转移，引起了其他孩子的好奇，"我们能不能孵出蛋？"……看着大家兴致勃勃，我便搜索了有关孵蛋的视频和孩子们观看，了解到只要温度、湿度等条件合适，就可以孵蛋。接着孩子们抢着说"那我也要孵蛋！""还有我……"

为满足孩子们想孵蛋的愿望，我们创设了一个新的社会性区域——"奇妙蛋蛋屋"。利用小帐篷改建成窝，内投放了各种蛋及小动物毛绒玩具等，给了孩子一个充分模拟孵蛋的私密空间，只见孩子们趴在蛋宝宝上，不敢轻易移动，仿佛就是自己的宝宝，很快这成了我班最有感染力、最受喜爱的区域之一。

趣事二：生活活动的生成——"带着蛋宝宝，去上幼儿园"

"蛋宝宝站起来的方法"活动中，每人带来一个鸡蛋，结束后我让孩子们把鸡蛋放进橱洞。接着加餐环节，我发现几个孩子行为古怪，"偷偷摸摸"的，手扣着放在桌上一动不动，小荣的手始终放在口袋里，送餐盘也不拿出来，真别扭，询问后才知道，原来里面藏着蛋呢。于是我对小朋友们说："如果你想蛋宝宝了，可以拿出来，但要好好照顾它。"很多孩子直接冲向橱洞，那几只奇怪的手也瞬间抬起来……

借此我们生成了一周的生活活动，鼓励孩子每天带着蛋宝宝上幼儿园，并照顾它，期间发生了很多有趣的故事，和蛋宝宝一起游戏、生活，搂着蛋睡觉，户外时带出去晒太阳，不小心破了赶紧取来纸为它包扎……

可能在我们就眼里，就是一个普通的蛋，而对于小班的孩子，却是一种陪伴、一种呵护、一种情感的联结……小小的孩子搂着小小的蛋，超级有爱，不仅体会到蛋的脆弱，更是萌发照顾、关爱蛋宝宝的情感，从而迁移经验，感受到生命的可贵以及家人对自己的付出。

趣事三：户外游戏的生成——"蛋宝宝的奇幻旅行"

照顾蛋宝宝期间，在教室里都懂得珍惜，可到了户外，一兴奋就不一样了。有的孩子会把蛋放在小车里，推着慢慢走，有的会用手捂着蛋奔跑着，然而回到教室后，在某个角落却总是躺着几个被丢弃的碎鸡蛋。

两种行为的鲜明对比，我们决定邀请一位性格活泼、善于运动的男家长，一起生成户外游戏"蛋宝宝的奇幻旅行"。场地布置成乐园，设置了一些游戏项目，这位"男教师"和孩子们带着蛋宝宝开始了一段奇幻之旅，通过此活动孩子们明白了户外游戏时也要顾及蛋宝宝的安全。

趣事四：教学活动的生成——"蛋蛋美食节"开幕了

齐齐带来一个生鸡蛋，不难想象很快发生了"小悲剧"——鸡蛋碎了一地，这引来一堆围观者，纷纷发表见解"你的鸡蛋碎了，我的鸡蛋皮破了可是还在哦""因为他是生鸡蛋，你的是熟的"……听着孩子们的话，我问："生鸡蛋是怎样变成熟鸡蛋的？"大家开始认真回忆与诉说……这时传来："我都快流口水了""我想吃了"……

同一天娃娃家里宝宝挂着"爸爸"的角色牌，像模像样地在做饭，突然做了一个掐勺的动作，被我瞬间拍下来，很好奇他在做什么好吃的？走过去一看，原来平底锅里有一个煎蛋。游戏小结时，我们分享了照片，宝宝的行为引起了大家的兴趣，都在学他做饭掌勺、掐勺的样子。

抓住生活中的这次突发事件以及区域游戏中的一个亮点，我们决定生成一个社会实践活动"蛋蛋美食节"。提前联系伙房准备食材，并邀请了擅长制作美食的家长，参与我们的活动中，和我们一起制作美食——蛋挞、煎荷包蛋、番茄鸡蛋饼等，现场的多感官冲击让孩子充分感受美食制作的全过程，体验其色香味，并了解蛋的营养价值，爱上蛋的美食。

在这次课程的构建、开发与实施过程中，我们与幼儿互促互长，深刻意识到课程只有扎根于幼儿的生活与经验，教育才真正有意义。同时学会了蹲下来走近幼儿的世界，捕捉生活中的闪光点，欣赏他们的发现，倾听他们的对话与质疑，挖掘潜在的教育价值并灵活处理预设与生成的关系，使得课程和谐发展。

30

第五章

家园沟通

快乐PARTY

—— 俱乐部　爱融融

家长与老师的相遇，本就是一场爱与信任的邂逅。在一次次的交集、接触中，正因我们爱孩子的初心是一致的，我们的关系才会从无到有、从拘谨到融洽、从思疑到信任、从不定到聚力。老师、家长、孩子携手并进、齐欢俱乐，创造出一段段属于我们的欢乐回忆。

海味·童谣

有多少童年，就有多少童谣的故事，一首好的童谣就是一座和孩子沟通的桥梁。结合青岛地域的海洋特色文化，充分发挥优秀童谣愉悦身心、净化心灵、启迪心智的作用，推广青岛话的本土语言特色，我园开展了"海味·童谣"活动。

各班级发动广大家长回忆、创作、收集与海洋相关的童谣，与幼儿一起学说青岛话，经过紧锣密鼓的准备，摆出了一场盛大的"海味盛宴"。家长们以一口流利的青岛话拉开帷幕，为活动注入乐趣与幽默，孩子们的青岛话把活动推向了高潮，而最精彩的当属亲子表演，孩子和家长们声情并茂地将儿歌展现得淋漓尽致，观众席上笑声阵阵，彼此体验着家庭的温馨、和谐的氛围。

小足球·大乾坤

为参加青岛市第一届幼儿足球嘉年华活动，我园向家长诚挚发出邀请函，将爱好足球的家长和孩子聚集在一起，经过层层筛选，组建了12名队员的足球俱乐部，在时间紧、任务重的情况下，进行有效的阶段性训练。

本次比赛有来自全市各区的24支幼儿园足球队队伍，近300名参赛人员。我园代表市南区首次组队出征本次比赛。激烈的比赛过程中孩子们精神抖擞、顽强拼搏，赛场上宝贝铁三角3V3足球赛，比赛双方攻势此起彼伏，赢得全场观众的阵阵喝彩；宝贝小将连环射准、宝贝爸爸足球冲、宝贝小将绕桩射准的比赛项目也将活动现场的气氛推向高潮。最后三明路幼儿园代表队的亲子接力赛以3分17秒、个人绕桩射门以14秒03的优异成绩进入了复赛16强。

当孩子们戴上沉甸甸的奖牌、举起金灿灿的奖杯时，真心为他们感到自豪。这不仅仅是一块奖牌，更重要的是蕴含着团队激情、上进合作和富有挑战性的品质，会给孩子一生留下成长的印记！

金秋采摘·拥抱海洋

落叶带着秋的寄托，丰硕的果实展现着秋的魅力。在丰收的季节里，三明路幼儿园的孩子们迎来了期盼已久的秋游活动。

秋意浓，采摘乐。孩子们乘车抵达景色宜人的即墨鹤山。鹤山东临黄海，是崂山北部的支脉，素有"胶东柿子之乡"之称，这里的金瓶柿子远近闻名。满山的柿子宛若一串串喜庆的小红灯笼，点燃了远近的山川，每一座火红的山川，就是满满的丰收喜悦，让人看了心醉神迷。家长和孩子们在鹤山这座天然的森林氧吧里尽情地享受着大自然的美好，品尝着柿子的甘甜、体验着采摘的乐趣、感受着丰收的喜悦。瞧！有的孩子和爸爸妈妈一起欣赏千亩柿园的美景；有的孩子和爸爸妈妈一起学爬树，爬得越高摘的柿子就越甜……

赏海景、看变化。即墨蓝谷滨海公园，宛若一条晶莹璀璨的项链，镶嵌在蔚蓝的海边，用自己独特而优美的景观向孩子们讲述着大海的故事，展现着家乡日新月异的变化。孩子们与爸爸妈妈、老师在这美丽的公园内共同享用自制的美食，体验分享的快乐，感受共同成长的幸福。

这次难忘而美好的体验活动，在孩子们的心中播种下爱家乡、爱海洋、爱自然的"种子"，引领着孩子们回归自然，健康成长！

元旦同乐·精彩纷呈

为推进幼儿园文化建设，充分展示孩子们一年来茁壮成长的快乐，展现教师们一年来辛苦付出的成果，感谢家长们一年来默契携手的配合，元旦佳节，我园诚挚邀请家长和老师孩子们齐聚同乐、共庆元旦。

此时此刻，处处欢声笑语、班班亮点纷呈。奶奶们的模特表演《舞动夕阳红》，妈妈们的舞蹈表演《火红的萨日朗》，爸爸们的小品表演《公鸡下蛋》，孩子们的精彩节目展示，应有尽有，乐此不疲。亲子才艺双簧相声、吉他弹唱、魔术表演、竞技展示……高潮迭起、欢乐不断。孩子们也使出了十八般武艺，"乐拼钢琴、诗诵童心、魔法世界、中华武道、舞蹈炫技"不同形式齐上阵，从钢琴到古筝，从小故事到歌颂大美中国，从时尚走秀到帅气散打，每一个节目无不在诉说着对新年到来的欢欣。

全体成员用心、用爱制作了象征红红火火新年灯笼将活动推向高潮。孩子和家长们将新年的寄语与祝福写下来挂在心愿树上，用满满的祝福迎接新年的开始。

民俗嘉年华·欢乐游园会

为弘扬民族传统文化，让孩子们更好地体验我国特有的民俗风情，幼儿园打破格局、打破界限、巧妙设计、精心布置，打造民俗小吃街、赏灯猜谜会、民俗音乐厅、书法魅力展、花样馒头坊等不同会场，诚邀每一位小朋友及家长，共同参加"热闹的正月"大型民俗嘉年华活动，一起感受传统文化魅力，感受浓浓中国年！

大家一起手拉着手游园喽！欣赏着奶奶用毛笔画出的国画牡丹，墨香四溢，感受书法的魅力；听着爷爷吹葫芦丝、拉二胡，中国的民乐真好听；吃着我们最爱的棉花糖、冰糖葫芦，味道非常好；玩着这些用萝卜雕刻的漂亮的小花，真神奇；做着又白又可爱的花样馒头，真想快快咬上一口；赏着花灯、猜着灯谜，和好朋友们一起分享互动的乐趣……欢声笑语弥漫在整个幼儿园里，一起诉说着属于我们的故事！

早操快乐起航·悦动健康海洋

幼儿园每个学期初都会开展早操观摩展示活动，并邀请家委会和课委会家长共同参与。

精神抖擞向前进，畅游健康海洋操。大班的"激情炫酷搏击操，小小海军我自豪"充满了动感和活力，形式多样的队列变换自如，每个孩子都像训练有素的小海军，朝气蓬勃充满自信；中班的"祖国海洋我的家，我们大家都爱他"，小朋友们精神饱满地一同踏浪、游泳、抓小鱼，灿烂的笑脸上写满了纯真；小班的"海底探秘真有趣，我和小鱼一同去"，老师的提示，配合形象的动作，和小朋友们一同带上"潜水镜"去"海底探秘"了！

家园精研互动，共促幼儿成长。早操展示后，园领导、各班班长与家长进行了热烈的现场研讨与评析。家长们表示对幼儿做早操时精神饱满的劲头，对老师带操时动作的规范，对早操环节中的海洋趣味以及展现出的健康风貌给予高度评价，也为我们早操的研究留下了宝贵的意见与建议。我们将意见认真汇总，做好后续研究分析，不断打磨提升早操质量，促进幼儿园一日活动质量的健康持续发展。

幸福e家

——聚课堂　共成长

现代化的教育格局是开放的、多元的、融合的。随着社会的发展和教育现代化的不断推进，学前教育正由幼儿园教育逐步走向家、园、社的一体化教育，共同合作，共享资源，共促成长。而家长也成了幼儿园的重要资源宝库，其行业特色、爱好特长可以极大地丰富幼儿园教育元素，发挥个人效能，为幼儿园教育注入新活力。

爸爸带我做运动

为弥补男教师的缺失，我们面向全园男家长提出倡议，邀请男家长走进幼儿园参与幼儿的教育，这一做法得到男家长的积极支持。

一些性格活泼、热爱运动的男家长来了，组织孩子们开展体育游戏，在与男家长的追逐、争抢中，孩子们体验到了不同的兴奋与快乐。一些爱孩子并有亲和力的男家长，也分别以展示才艺、展现职业特色等方式参与主题课程，从男性视角关注孩子们特有的探究兴趣与知识渴望。

合理开发利用男性家长资源，使我们的课程从书本中走出来，尊重孩子的特殊需要，满足男孩成长的个性化需求，为男孩提供更自然的方式来学习，对于增进父子情感也有很大的现实意义。

跟着叔叔打高尔夫

说起高尔夫，我们都会觉得"这是一项高雅的绅士运动"，与我们的生活不搭边。但其实高尔夫代表着"绿色、氧气、阳光、友谊"，它是一种把享受大自然乐趣、体育锻炼和游戏集于一身的运动。我园小朋友就在一位男家长的指挥下，切切实实地来了一场时尚、高雅的高尔夫训练。

专业的高尔夫叔叔，耐心地为小朋友们讲解挥杆的要领，一颗颗高尔夫球在孩子们的杆下飞到对面的大本营，孩子们很投入地跟着叔叔做动作，眼睛里闪烁着快乐，丰富了课程内容。

医生叔叔讲知识

春季和夏季是传染病高发季节，很多小朋友会在这个季节出现流感、发热等症状。因此我们邀请了在医院工作的家长为小朋友上了一节"预防传染病，做健康宝宝"的教育活动。

家长在接到邀请后非常激动，运用精彩生动的课件向小朋友们讲述了一些常见传染病，如流感、手足口、疱疹性咽峡炎等的症状及传播途径，并借用小图示让宝贝们记住了要勤洗手、勤通风、多喝水、不挑食、多锻炼、讲卫生、按时接种等好习惯。整个活动丰富多样，孩子们听得津津有味！

"校车"阿姨说故事

在幼儿园组织"庆六一亲子游"活动前，孩子们得知要乘坐期待已久的大鼻子校车特别兴奋。为了让宝贝们高高兴兴地去，平平安安地回。我们邀请了一位在校车公司上班的家长，为小朋友讲一讲他们感兴趣的校车，讲一讲乘坐校车需要注意的安全事项。

这位家长巧用课件让孩子们了解校车结构的坚固性、车顶的铃铛和破玻开关的功能。细致的讲解吸引了所有小朋友的注意力，也开拓了老师们的视野。

"花卉"阿姨来揭秘

大自然中美丽的植物就在我们身边，可是它们的种类、特征我们又能了解多少呢？有位妈妈在花卉市场工作，她为小朋友介绍了很多常见植物的名称，哪些喜欢阳光，哪些喜欢水。根据孩子的兴趣，她还介绍了好多新奇特别的植物，如捕蝇草、含羞草、卷柏等，深深吸引着孩子。活动后孩子们对植物产生了浓厚的兴趣，周末时和家长一起走进大自然中寻找植物的秘密，满足探索的欲望。

播音员阿姨讲气象

下雨、刮风、雷电……这些我们经常看到的现象，它们是怎么产生的？森林里面有许多气象播报员，它们是怎么播报天气的？青岛市气象局于赫播音员，带来了一节生动、有趣的气象科普知识活动。

于赫播音员声音清脆，讲解清楚，她运用生动有趣的课件、亲切自然地和小朋友现场互动，向孩子们讲解了森林中的动物们，如蜻蜓低飞要下雨，这是为什么？乌龟出汗要下雨，真的是乌龟出汗吗？在生动有趣的故事情境中，带幼儿了解身边的天气与动物之间的关系，知道可以通过听广播、看天气预报、看报纸等多种方式了解每天的天气情况。孩子们对气象知识的学习充满兴趣，积极参与互动，感受大自然的神奇与魅力。

解放军叔叔来军训

大班毕业前夕，为了锻炼孩子们的意志品质，幼儿园邀请解放军叔叔来园为孩子们进行军训。解放军叔叔是孩子们最崇拜的偶像，第一次近距离接触解放军叔叔，第一次参加军训活动，孩子们既紧张，又兴奋。结合幼儿园的课程，解放军叔叔表演了擒拿格斗，精彩的队列、过人的功夫，这让孩子们的敬佩心油然而生。首先从最基本的站军姿、稍息立正和向右看齐开始，每个动作，孩子们都认真地学着，做着，坚持着。放眼望去，小朋友们站得真神气，俨然就是一个个小小的解放军！孩子们在热爱祖国、执行命令、提高自理能力等方面都得到了深刻的教育。

通过邀请特殊职业家长进课堂，利用不同职业的工作环境、操作流程，既能丰富幼儿园的教育活动，也能弥补教师对于特殊行业的不了解所造成的浅显传授，丰富教师的精神世界，更重要的是拓展了幼儿的经验和视野。

健康ABC

——微讲座　新视角

　　曾几何时，我们已进入一个无"微"不至的微时代，时代在变迁，理论在更新，家庭教育也不例外，我们要紧跟时代步伐，发挥微型讲座的优势，提高教育共育的效果。苏霍姆林斯基有句名言："没有家庭教育的学校教育和没有学校教育的家庭教育，都不可能完成培养人这样一个极其细微的任务。"因此，幼儿园充分利用卫生和教育资源优势，定期邀请岛城知名学前教育专家、儿童保健专家，面向家长开展不同主题的现场指导，满足不同家长的需求。

健康教育专题

　　《3～6岁儿童学习与发展指南》是帮助老师和家长了解3～6岁幼儿学习与发展的基本规律和特点、实施科学保育和教育的指导纲领。为了让家长更好地理解《3～6岁儿童学习与发展指南》精神，幼儿园特邀市南区教育研究指导中心学前部的王贞桂主任，为家长和老师们进行专题培训。王主任结合我园的健康课程，就健康领域的学习和发展目标进行了深入的分析和生动的讲解，提出科学的教育建议，帮助家长纠正一些教育误区。

疾病预防专题

幼儿园聘请青岛开泰耳鼻喉医院的院长徐欣博士来园，为教职工和家长们进行"常见呼吸道疾病的预防和治疗"的公益讲座。为了让更多的家长受益，在幼儿园的努力协调下，徐欣院长百忙之中先后两次来园。徐院长的讲座深入浅出，针对孩子们容易出现的常见疾病，结合自己在临床实践中多年的经验，纠正了家长一些错误的认识，为家长们提供了科学育儿、有效预防的良方，家长和老师们都受益匪浅。

家园共育专题

幼儿园组织了110名家长参加"社区一体化家庭教育专家讲座"活动，聆听青岛幼儿师范学校高级讲师单汝荣老师，在青岛第五中学多功能厅举行的题为"树科学教育理念，促幼儿可持续发展"的家长学校大讲堂活动。单老师从幼儿身心发展规律入手，结合当今教育焦点问题，围绕"家长怎样看待教育""怎样和孩子相处""家园应如何配合发挥最佳教育合力"几个主题进行，从树立正确的教育观念、掌握科学育儿方法，创设利于孩子健康成长的家庭环境等方面，为家长提出了切实可行的家庭教育建议。

亲子关系专题

为深化我园健康教育课程，帮助家长培养和谐亲子关系，构筑幸福家庭，幼儿园聘请青岛市市立医院副院长、青岛市心理协会主任委员王冠军教授，两次来园对全体家长开展"理解孩子做称职父母"的专题讲座。王教授从亲子关系入手，深入剖析亲子关系的概念与意义，理论与案例的结合，科学诠释了孩子成长的各个时期出现的问题以及原因，引导家长了解和谐亲子关系对孩子成长的重要性以及自身的不合理行为对孩子的影响。并将家庭教育原则"接纳、赞赏、关爱、时间、责任、权威"传授给家长，为家长的漫漫育儿之路指明方向，让幸福家庭离我们更进一步。

心理健康专题

幼儿园开展"关爱心理热线进校园"公益讲座活动，诚挚邀请"青岛市关爱心理热线"的王国梅心理专家进行现场指导。王教授提出幼儿每个行为背后都有着和大人不太一样的行为心理，我们要从孩子的行为心理学入手，来慢慢解开行为背后的心理密码……孩子哭的时候，家长首先应该关心的是了解他为什么哭，哭的原因和心情，并对孩子的心情表示同情和理解；孩子打人、咬人的时候，家长要加强幼儿用语言来解决问题的能力；当孩子插话的时候，家长要相继诱导、因事制宜、言传身教；当孩子发脾气的时候，家长要学会耐心地等待孩子平静下来，再和孩子讨论他的行为……

儿童营养专题

3～6岁儿童的大部分时间是在幼儿园的集体生活中度过的，每天的两餐两点在幼儿园完成，只有晚餐才会回到家庭中。如何让家庭中的这顿晚餐发挥好作用，成为幼儿园带量食谱的有益补充，共同促进幼儿的健康成长呢？幼儿园邀请了青岛市妇幼保健计划生育服务中心营养喂养科主任张立琴教授，为家长们进行了儿童营养专题讲座。张教授建议家长每天关注幼儿园的食谱，注重食物多样，谷类为主，适量进食鱼、肉、蛋、奶，控油少盐，正确选择零食，重视钙、铁、锌、维生素等微量元素的摄入；并强调给孩子养成良好的饮食和生活习惯的重要性，鼓励孩子参与食物的选择和制作，回家后的户外活动不少于1小时，看电子产品久坐时间不多于1小时等。

四会一校

每学期即将结束时，幼儿园都会召开"四会一校"联席会议，由幼儿园党支部书记王秀云主持，行政人员、各班级家委会成员参加，会议重点介绍幼儿园一学期的各项工作，包括健康课程、安全工作、卫生保健、营养膳食、亮点工作等。"四会一校"联席会议让家长们对我们的工作有了更深入的了解，在相互信任理解的基础上，幼儿园与家庭的教育理念、教育策略求同存异从而达到异曲同工之妙。

幼小衔接

幼小衔接是幼儿园与小学两个教育阶段平稳过渡的教育过程，也是幼儿在其发展过程中所面临的一个重大转折期。为做好幼小衔接工作，减缓两学段的"坡度"，幼儿园每年面向大班家长组织幼小衔接专题培训活动。

一是向家长朋友们介绍幼儿园幼小衔接工作的重点与开展情况，了解幼小衔接是浸润在幼儿园一日生活的各个环节之中，良好的生活习惯、行为习惯、学习习惯的培养都是为幼小衔接奠定基础。二是结合园本课程中的幼小衔接主题活动"我要上小学了"，向家长进行细致的分析与讲解，帮助家长了解科学衔接的方法与策略，树立正确的幼小衔接观念。三是邀请小学教学主任与老师帮助家长现场答疑解惑，明确自己在"幼小衔接"中该承担的责任和角色，为家长如何帮助孩子顺利度过幼小衔接阶段指明了方向，为孩子顺利进入小学打下坚实的基础。

家长学校

3岁宝宝就要进入幼儿园了，父母长辈充满期待，又疑虑重重。为了让孩子和家长顺利渡过入园初期的分离焦虑期，尽快适应幼儿园的生活，幼儿园每年8月份都会为新生家长开展学校讲座——爱与责任，共启人生第一步。

首先将幼儿园的环境、管理、师资、健康课程等向家长进行简单介绍，其次依据《3~6岁幼儿学习与发展指南》，从孩子的心理、生理特点入手，结合我园多年来新生入园的经验，为家长详细讲解幼儿入园前的准备和入园初期各种不适应的应对措施，传递国内外科学的育儿理念，帮助家长正确对待幼儿入园出现的各种问题。家长学校给年轻的父母吃了一颗定心丸，家园初步建立了相互信任的情感桥梁。

我园充分发挥自身资源优势，针对热点问题定期为家长举办专题讲座，为幼儿园和家长搭建了一个良好的交流平台，有效地促进了家园双方达成教育共识，为孩子的可持续健康发展夯实了基础。

我和你

——感谢信 情意浓

感谢信（一）

尊敬的老师们：

你们好！

我是中二班吕浩鑫的家长，孩子来到幼儿园已经一年多了，这段日子里，吕浩鑫已经适应了幼儿园的生活，各方面都有了很大的进步。看着孩子一天天的变化，一点一滴的进步，我们一家人有说不出来的感激和喜悦。我知道这里面包含了咱中二班所有老师辛勤的汗水，十分感激贵园的领导和老师们对孩子付出的爱心、关怀和帮助。

吕浩鑫是一个内向、腼腆、怕生、慢热的孩子。刚上幼儿园那会儿，我们每天最头痛的事儿就是早上送他去幼儿园，那个时候是他哭闹最厉害的时候，听着儿子的哭声我嘴上训斥，可是心里总会有说不出的难受，往往忍不下心来，也常常是孩子在里面哭我们在门外偷偷地抹眼泪。入园以来中二班的三位老师以极大的爱心、耐心、信心来关心和爱护他！把爱缓缓渗透孩子幼小的心中，并且根据孩子的特点，对孩子进行教育，与孩建立了深厚的感情，使孩子对老师有了依恋的情感。

让我最感动的是，有一个星期天孩子问我："妈妈，是不是明天我就可以上幼儿园了？"我回答是的，他竟然高兴地一蹦一跳地喊："太好了。我又可以见到老师和小朋友啦！"看来孩子已经深深地爱上了他的老师和他的幼儿园了。

吕浩鑫虽是个腼腆的孩子，但也是个好动的孩子，他的好动一定会给老师额外增加一些工作，可是老师们从来没有跟我们抱怨反而把这种好动看作男孩天性的释放。另外幼儿园还组织了有趣的爬山活动，让孩子将好动的天性释放在大自然中，既让孩子在大自然中学到了知识，又通过爬山锻炼身体，磨炼了意志。作为家长，我们知道组织这样次活动，幼儿园的领导和老师们要付出多大的努力，从前期的准备到活动进行，每个老师都是尽全力将活动组织得完美。

作为家长，我们深刻地了解孩子的进步是和三位老师的关心、照顾和教育分不开的。孩子从不喜欢上幼儿园，到喜欢上幼儿园，热爱老师和小朋友，这与幼儿园的师资和素质教育是分不开的。孩子上了幼儿园之后，作爸妈的心里总有些不舍与担忧，不舍幼小的孩上从此就要走出亲人关爱的视线，离开温暖熟悉的家，去过一种不一样的生活；担心天性善良的他会被大孩子欺负；担心不知深浅、偶尔犯浑的他会让老师不耐烦；担心不会自己吃饭的他会饿着，担心生病，担心冷了、热了。但是，不管怎样，既然那个小小的人儿都已经无可避免地要开始融入这个社会了，作为父母，除了关爱，除了鼓励，除了支持还能做什么呢！

而今，当我们把我们的宝贝交给了您，交给了幼儿园，他在幼儿园又多了这么多位"好妈妈"，他在这个世界上从此又多了一些爱他的人，我们家长真是既开心又安心！我们衷心感谢中二班及帮助过宝宝的所有老师！感谢她们的辛勤工作！感谢园长领导出这样出色的幼儿园、这样高素质的老师！祝福领导们和全体老师工作顺利、身体健康、万事如意！

此致

敬礼！

吕浩鑫的家长

2017年10月5日

感谢信（二）

尊敬的老师们：

你们好！

我们是贵园刘嘉瑞小朋友的父母，孩子在幼儿园学习已经两年多了，在这段时间里，我们都觉得瑞瑞长大了，懂事了，独立了，各方面都有了很大的进步，这是我们一家人最感开心的事，而这里面凝聚了太多老师的汗水和爱心！由衷地感谢幼儿园的园长和老师们对孩子的爱心、关怀、辛勤的教育和帮助。

孩子入园以来，老师们以极大的爱心、耐心、责任心关心他、爱护他，用鼓励、赏识、参与等科学的教育方法帮助他，把爱渗透他幼小的心里。如今他的语言表达能力有了明显提高。更难得的是，几位老师对家长都很周到热情，经常同家长保持良好的联系沟通，给我们很多建议，让我们能在教育孩子的成长上得到很多帮助。瑞瑞刚入园时的表现，让我们担忧，却不知道怎样才能帮到他，在我们心急如焚的时候，老师们不断地安慰我，还给我们一些指导和建议，其中老师也很直白地表达了妈妈带孩子的重要性。我听了老师的建议后放下了工作，在家教育孩子。孩子现在有了翻天覆地的变化，要不是老师们苦口婆心的规劝，我们也不能重视孩子的教育，真的是太感谢老师们了，贵园能有这么负责任的老师真的是我们的荣幸！

我们深深明白孩子的点滴进步得益于园长的直接领导和老师们的共同努力。老师们在园内给孩子很多的锻炼，尤其是班里的"海洋分享"小课堂，让孩子提高自信，愿意分享，喜欢表达。两位老师不仅要教学，还要关心孩子的饮食起居，工作量很大，十分辛苦，但她们毫无怨言，总是满面笑容地把快乐带给孩子们，是孩子的"好妈妈"。保育员老师也兢兢业业、勤勤恳恳，每次去幼儿园接送孩子，总看到她在忙这忙那，没有歇息的时候，默默无闻、任劳任怨。

微笑，挂在孩子们的脸上；感激，流进父母的心窝。在这里再次向所有关心帮助过瑞瑞的老师们表示由衷的感谢。谢谢老师用爱心滋润着幼小的嫩芽，赋予他智慧，开启他的心门，点燃了他的心灵之火，照亮了他的世界。在此祝愿幼儿园全体老师教师节快乐！祝你们幸福安康！

此致
敬礼！

刘嘉瑞的家长

2018年9月10日

感谢信（三）

尊敬的老师们：

　　你们好！

　　时光飞逝，不知不觉中，孙培桓已经在三明路幼儿园度过了两年半的童年生活。从那个集"万千宠爱"于一身的"傻小子"，成长为今天这个独立、勇敢、有礼貌的小男子汉，其间的点点滴滴都浸润着老师们的关爱与引导。在孙培桓大班上学期结束之际，请允许我们对你们的辛勤付出致以诚挚的感谢！

　　回想这两年半来，从儿子大声哭着不肯入园，到今天他无比高兴地融入幼儿园快乐的集体生活。多少的酸甜苦辣，多少的焦虑迟疑，是你们一直在陪着我们见证着孩子的成长。从他不肯睡午觉，吃饭不利索，到现在的生活打理得井井有条，甚至还能教育我们"不能乱扔东西""吃饭要洗手"，我知道这和你们的努力分不开。记得刚入园的第一天，我是那么忐忑。对于一个仅三岁多的孩子来说，让他独自一人去面对一个陌生的环境，去和老师、同学在园学习、生活，开始他人生的一个新起点，我们做父母的是那么激动与高兴，却又充满着不安和担心。

　　作为一个孩子的家长，我深知照料幼小孩子的艰辛，对于自己唯一的孩子第一次离开父母，开始我们也很不放心，可是正是你们的细心和耐心让我真正放了心，我看见了你们是怎样百般耐心地安抚新入园的孩子，你们是怎样不厌其烦地一次次教孩子自己吃饭，你们是怎样一遍遍教会孩子洗手，帮助他建立良好的生活习惯。在送宝宝的时候我们看见过你们带孩子活动，你们一手抱着新入园大哭着的孩子，一手牵着依恋着老师的孩子，嘴里还不停地招呼着四处乱跑、不听话的孩子。你们的表现让我这个孩子家长自愧不如。你们的付出让我们真的彻底放了心。

从宝宝每天回家时开心的笑容，从每周的细致的主题教学安排，从我们首次参加的家长会，从收到的各式各样漂亮的课业手工，我们知道：为了给孩子一个好的启蒙教育，为了孩子的不断成长，你们一直在努力。

还记得孙培桓入园时性格比较胆小爱哭，遇到一点点很小的事情就爱用哭来表达。很长的时间里我都很苦恼，不知道该怎样去帮助他养成一个坚强乐观的性格。自从入园至今，这个胆小的"小哭包"已经成了一个坚强的小小男子汉，看着宝宝一点点进步着，成长着。从一个牙牙学语步履蹒跚的"小哭包"，到现在礼貌懂事的小男子汉。他这些所有的进步，都和你们的教育密不可分。我只想写下我的感激，轻轻说一声"老师，您辛苦了！"你们给予孙培桓的东西，很多都是处于家长角色的我们做不到的，从这个角度讲，老师就是在育人，给予他第二次生命。尤其是在这学期参加全市首届足球嘉年华期间，他在老师们的带领下表现出的自信与活泼让我们感到无比的欣慰。

每一天，孙培桓都在成长和进步，在孩子的成长和进步背后，是老师的辛勤劳动和付出。同时我们也知道，他还有很多不足需要改进与克服。我们期待着与老师一起，为孙培桓树立良好的生活学习习惯，为未来的迎风翱翔打下最坚实的基础！再次感谢老师们的辛勤付出，老师您辛苦了！

此致

敬礼！

孙培桓的家长

2019年12月10日

30

第六章

牢记使命

乘风破浪行　共谱新篇章

胥殷萍

2020年年初是个不寻常的开始，突如其来的新型冠状病毒感染肺炎的疫情对每个人来说都是新的考验，对于刚进入园长助理这个新岗位的我，更是一次富有挑战的疫情大考。

接到的第一个任务就是撰写幼儿园关于2020年春季学期推迟开学"一园一策"工作方案，高度、要求都不同了，完全不在我的认知范畴内。怎么办？虚心请教园领导们，大家一一帮我解读文件、领悟精神，开会研究反复把关，这是我初次真正体会到领导班子的压力和责任有多大，坚决不允许差不多，不允许有半点含糊。接到上级通知后，我园中层以上干部坚持每天值班值守，履行职责，认真学习文件与上级要求，并严格执行落实，因为我们肩上扛的是全体师生的健康，我们要真心真意地对他们负责、全心全意地为他们服务。

根据指挥部文件要求，我园计划3月10日上午开展复学方案实战演练活动，并邀请市南区委教育工委副书记、区教育体育局党组副书记、总督学孙方凯同志现场指导。9日晚上近10点，临睡前突然接到紧急任务，园里决定让我全场主持，并发给我一所中学演练的参考视频，当时内心又紧张又荣耀。将孩子哄睡后，我马上起身研究视频，一字字写下他们演练的全过程，再联系这段时间我学习到的文件精神、结合我园的实际情况，写下适合我园的演练全过程。虽然时间很紧迫，我还是要求自己必须熟记，争取脱稿，因为我代表的是三明路幼儿园，那夜直到凌晨1点我才躺下。

第二天早上我担心自己因紧张发不出声音来，便决定步行上班，走一路背一路，到达幼儿园后，临近演练还有一段时间，我又跑到音乐教室，继续放声练习，最终我做到了，在园领导的统筹安排下、在全体教职工的配合下，圆满完成任务，得到孙局长的赞美。

2020年又是一个有特别意义的年份，正值幼儿园成立30周年，疫情当下幼儿园决定用一种别样的方式纪念，编撰一本幼儿园30年成长册，从建园开始点滴记录唯属这片土地的故事，非常幸运我有幸参加编撰的全过程。对于幼儿园的前20年我是空白，园长让我从尘封的档案里寻找踪迹。我翻看着一本本原始档案，品读着纯手写的陈旧信纸，寻找着那个年代的故事，此时此刻仿佛我也是其中的亲临者，同她们一起体会幼儿园创业时期的艰难与兴奋：顶着烈日与风雨推出一车车废旧的建筑垃圾、光着脚俯身擦干净整个教学楼的地面、忍着气味清除厕所里的"顽固分子"、困难时期一个人顶着50多个孩子的班级……难以想象这是出自芳华年纪的十八九岁姑娘们。从她们的字迹里我没有感受到丝毫怨悔，流露的是她们强大的内心信念——幼儿园定会越来越好！

没错，我们的幼儿园的确是越来越好，我们这一代有幸赶在最好的时代，享受着你们为我们种下的绿树成荫，处处鸟语花香、沁人心脾，我们必不负你们所望，传承你们的奋斗精神与教育初心，全园上下同心协力、乘风破浪、奋勇当先、不辱使命，一起谱写三明路幼儿园的新篇章，开启新征程，为幼儿园的发展尽我所能去奉献、去拼搏！

2020，在感动与祝福中展开美好的画卷，让我们携着希望与梦想一起奔向耀眼的明天！让我们站在巨人的肩膀上，在三明路幼儿园这片热土上，一起编织着下一个30年的梦想吧！

以梦为马　不负韶华

李　丹

细数参加工作的几个年头，才发现六年就这样一晃而过。相比刚毕业时那种血气方刚、斗志昂扬，现在身上更多了一份沉稳与内敛。这六年的时间发生了很多的事情，结了婚，有了宝宝，甚至还成了班主任，当一切尘埃落定步入正轨，工作也需要更多精力与责任，心无旁骛。

虽然我已经不是新教师，但仍然是年轻教师，需要学习的很多，需要进步的空间很大，三明路幼儿园的园领导和很多优秀的教师，无论在工作业务能力上还是在人品师德方面都是我学习的榜样。我将从心出发，奋勇直前，学习前辈们的优秀经验，提升自己的能力，不断学习学前教育前沿理论知识，给自己持续充电。在以后的工作中我会不断实践和总结，努力把每一节课都当成锻炼自己的课堂，学会捕捉教学契机，提高自己驾驭课堂的潜力和遇事的应变潜力，多学、多思、多试。

今年我们迎来了幼儿园建园30周年，站在前人的肩膀上前行，享受现在优越条件，一切都得天独厚，那么还有什么理由不去做得更好呢？30年风雨兼程，30年砥砺前行，当接力棒交到我们手中时，希望我们这一代新生力量能秉承三明路幼儿园优良的传统，坚持以"求真、崇善、尚美、至爱"为园本文化特色，以"一切为了孩子的终身发展"作为工作目标，把促进幼儿全面发展作为自己的中心任务，在三明路幼儿园这片沃土上深深扎根，沐浴着新时代的光辉，一路向前！

不忘初心，争做四有好老师

贾怡祺

2019年4月来到三明幼这个大家庭。在这里，我不仅得到了成长，获得了历练，更重要的是这里让我明白了爱与责任的意义。从园领导到班级里的每一位老师，她们对孩子的关心和爱护岂能是用一个"爱"字来体现，她们对工作的热忱和执着又怎能用一份"责任"来概括。当然，这里的爱不仅仅是老师对孩子的爱，更有同事之间的和谐之爱和领导对每一位老师的关怀之爱。作为她们中的一员，我不仅是幸运的，更是幸福的，而自己也将会继续行走在幼教这条充满温暖与爱的道路上。

"不忘初心，牢记使命"是每一名共产党员为中国人民谋幸福的初心，为中华民族谋复兴的使命。作为一名普通的幼儿老师，我的初心和使命就是关爱每一位幼儿，培养好祖国的下一代，这是为中国人民谋幸福，为中华民族谋复兴的基石，这份沉甸甸的责任无时无刻不在激励着我。

"不忘初心，做有灵魂的教师"是我教育道路上奋斗的动力，也是我的目标，短短一年的时间，我深深地感受到了这个大家庭中的每一位成员过硬的专业知识以及对工作一丝不苟的态度，这也成了我为之奋斗的目标。那么，如何做一个有灵魂的老师呢？

首先，自己要做一个有正确价值观的人，有仁爱之心，有高尚情操，有扎实学识。其次，做一个心中充满信仰，脚下充满力量的人，这样也才能把自己的正能量传递给身边的孩子们。我还要用爱来浇灌每一位孩子，用润物细无声的态度来培养每一个孩子，用甘为孺子牛的精神来引领每一个孩子，让他们都能自由健康地成长。

作为新时代的幼儿教师，承担着教书育人、关爱学生的神圣历史使命和责任。在今后的教育教学中，我会像无数的前辈一样，把全部精力和满腔真情献给幼教事业，不忘初心，牢记使命，毕生守护这方净土。

青春韶华时　奋斗正当前

曲恒仪

　　九月，记忆随着飘零的落叶一点点地定格在此时，我缓步走进充满朝气和希望的幼儿园，新的期盼在这里慢慢地生根发芽。这是我的青春，这是奋斗的青春。

　　从学生转变为老师，身份的转变随之带来的是肩上的责任。我面对的是一群可爱、天真的孩子，是祖国的未来，我需要努力地学习、实践，不断提高自身的教育教学的水平，然而这个满怀希望的我却在工作中碰了壁。组织教育活动、与家长进行沟通……已是幼儿园不可缺少的东西，这却难倒了不愿表达的我。慢慢地，我仿佛走进了没有道路的泥潭，迷茫、不解，甚至开始怀疑自己。

　　"我们年轻的时候也是这样的""没有过不去的坎，有什么事情就来找我"……老师们看到了我的迷茫与困惑，向我伸出了援手，帮我调节心中的矛盾，引领我寻找到了前进的方向。观察老师们的工作状态、倾听老师们的表述，询问老师们我心中的不解。在模仿、学习中，我看到了老师们在岗位上的蓬勃朝气，那是一种力量，是自己不断充实、不断肯定后使自己站在教师这一岗位上的力量，这种力量来自一次次跌倒后的爬起，一次次的努力不放弃，这就是奋斗的力量。我现在是作为一名教师在不断地学习，担负着的是为祖国托起明天太阳的重任，身份的转变可能让我有些不适应，但老师们的话语和帮助，却像一张温暖的大手抚平我心中的焦躁和不安。

　　无形中我仿佛看到了教育这场接力跑的赛场，这场比赛没有终点，我们都在跑道上等待接力棒传递到手上的那一刻，每一个人都在朝着一个方向不断奔跑，每一个人都蓄势待发。是啊！我们还正年轻，我们还能通过双脚去踏出希望的道路；我们还正年轻，我们还能不断地奔跑前进。我的身后是老师们的鼓励，前方是教育事业美好的未来。

　　幸运的我，在三明路幼儿园建园30年之际，与一群和善可亲、专业技术过硬的老师们偶遇，看着她们忙碌又充满自信的背影，我心中充满了阳光和祈望。就在这当下，我愿用我的力量为三明幼的下一个30年奋斗、拼搏，只争朝夕，不负韶华！

为有源头活水来

陈 欢

奔前程去，携好运来；

朝梦想跑，带幸福来；

30年，一路芳华，追梦前行；

30年，同心协力，不忘使命。

三明路幼儿园用对幼教事业的爱和专注，走过了30个春夏秋冬。这30年间，无数的三明路幼儿园人把梦想藏于心，把责任扛于肩。他们默默无闻、兢兢业业，他们用自己的青春与汗水见证了幼儿园的每一步成长，用自己的拼搏与奉献谱写出一个个动人的幼教篇章。

做好老师，要有理想信念、道德情操、扎实学识、仁爱之心，把自己的温暖和情感倾注到每一个孩子身上，用欣赏增强孩子的信心、促进孩子的发展。作为一名新教师，我也是如此：要做一名好老师！这份呼唤在心中久久回响。忘不了初入三明路幼儿园时，面对童稚的孩童，我心中除了喜爱，还有一份迷茫，但幼儿园的领导一眼就看到了我的担忧，贴心地帮我们这群刚入门的小老师寻到了"领路"的师父，为我们的成长助力。忘不了居无定所时，是这个大家庭的人积极相助，让我们安心解决困境；忘不了教育教研时，是这个大家庭的人如风般耐心地引导、化雨般谆谆地教诲；忘不了……不忘初心，方得始终，希望多年以后，我能够自豪地说："我是三明路幼儿园这个大家庭的一分子"。

问渠哪得清如许，为有源头活水来。所有从容不迫的优雅，都来自厚积薄发的积淀。新老师刚走进教师这个大团体，更应该牢记使命、谦恭勤学、不断积累、不断提升。读书是一件极具情怀的事，心浮气躁时，读一会儿书往往能达到静心安神的效果。最喜欢于永正老师的教育文集，其中最深刻的是《给初为人师的女儿20条贴心建议》中，着重提出的"学高为师，身正为范"，这也是每一位教师应该铭记于心、用一生去践行的八个字。在今后教书育人的路途中，我定当初心不忘、使命在肩、倍加努力、砥砺前行。多年后也能够像三明路幼儿园的前辈们一样，问心无愧地说："我对我的每一个孩子都尽了最大的努力。"

回顾昨天，一路芬芳、光芒万丈，

展望未来，逐梦前行、繁花怒放！

追梦路上，我们会学着优秀教师的样子，继续奋斗，做有温度、有情怀的三明路幼儿园人，让每一朵花蕾都完美绽放。

不忘过去守初心　牢记使命勇向前

范晓东

2019年于我而言是人生转折的一年，我努力通过了事业单位考试，非常荣幸地进入市南区三明路幼儿园，成了一名报账员。在此之前我在企业做会计，来幼儿园后感受到了新的文化，那就是："求真、崇善、尚美、至爱"！老师们爱国、爱党、爱孩子、爱校园，团结同事、热爱工作。同事之间互相帮助、互相促进的文化时刻感染着我、熏陶着我，让我感受到了前所未有的温暖和力量！

2020年对于全世界人民来说是特殊的一年，大家都面临着新冠肺炎疫情的大考验，由于小朋友的年龄较小，抵抗力较弱，因此对于幼儿园来说开学形式十分严峻，园领导天天坚守在幼儿园，发动大家全体总动员，线上教学、入园路线规划、幼儿习惯养成、各种模拟状况演练、心理安抚工作……面面俱到，正所谓疫情无情人有情，在这种紧张时刻我仿佛看到了幼儿园熠熠夺目的以园长为核心的团队凝聚力。

作为幼儿园的一分子，在入园的这一年里，我在各方面都有不同程度的提高！2020年站在幼儿园30年新的起点上，未来还有很长的路要走，我也要扎根于幼儿园。因此，我也要坚持学习贯彻习近平新时代中国特色社会主义思想，把"不忘初心、牢记使命"作为永恒课题，用党的创新理论武装头脑，指导实践、推动工作，坚定"四个自信"，增强"四个意识"，坚决做到"两个维护"！因为岗位不同，会计是一门不断精进的职业，每年有关会计的法律都在不断更新，未来一定是要与国际接轨的，因此，我也要发挥工匠精神，与时俱进，在自己岗位上不断学习，提高专业技能，用干到老学到老的精神时刻提醒自己，鼓舞自己，不断更新自己现有的会计层面的知识，遵守国家法律法规，诚实守信、廉洁自律、客观公正、强化服务，将职业道德作为准绳和底线，把它们像鲁迅先生在书桌上面刻的"早"字一样刻在心上，做到心中警钟长鸣。虚心请教并学习前辈们在会计岗位上的经验和技巧，学习他们对待本行业的态度以及坚守的底线准则，出色地完成各项工作！

不忘初心，方得始终，只有秉持着一颗真心，牢记自己的使命，才能在实现"中国梦"的伟大征程中实现自己的价值！我正行进在前进的道路上！

后　记

　　岁月如歌，光阴荏苒，青岛市市南区三明路幼儿园已然走过了30载春秋。伴随改革的春风，历经岁月的洗礼，三明路幼儿园已发展成山东省省级示范园、青岛市十佳幼儿园、健康教育特色园。如今，三明路幼儿园砥砺前行、精彩绽放，迎来她30年华诞。

　　30年，在历史长河中，弹指一挥间。

　　30年，对一所幼儿园而言，却是长长的一串脚印，长长的一个故事，长长的一首诗，长长的一幅画……

　　30载，几经嬗变，一路辉煌。感谢在这里拼搏过、奋斗过的每一个人，是大家的团结协作、拼搏奋斗成就了今天的三明路幼儿园；是大家的勠力同心、锐意进取凝聚成三明路幼儿园深厚的文化底蕴；是大家的爱岗敬业、乐于奉献使三明路幼儿园赢得了社会各界、历届家长的良好口碑。

　　30载，一路凯歌，再次起航。三明路幼儿园在继承中创新，在创新中改变，在改变中前行。如今，在"求真、崇善、尚美、至爱"办园理念指导下的三明路幼儿园，已步入了学前发展的又一个黄金时期。"实施健康教育课程，提升幼儿生命质量"已成为三明路幼儿园办园的宏伟蓝图和时代使命。

　　所有敢拼敢闯的三明路幼儿园人，一定站在新的起点上，承载30年的历史，把握发展的契机，肩负教育者的使命与责任，不负人民重托，用勤劳和智慧书写新的篇章！